Jack Nasher

Durch
schaut

Jack Nasher

Durch
schaut

Das Geheimnis, kleine und
große Lügen zu entlarven

HEYNE ‹

Verlagsgruppe Random House FSC-DEU-0100
Das für dieses Buch verwendete
FSC-zertifizierte Papier *EOS*
liefert Salzer, St. Pölten

6. Auflage

Redaktion: Ulrich Thiele, München

Copyright © 2010 by Wilhelm Heyne Verlag, München,
in der Verlagsgruppe Random House GmbH
Umschlaggestaltung: Hauptmann & Kompanie Werbeagentur, Zürich
Umschlagfoto: Kay Blaschke
Innenabbildungen: Paul Ekman, Ph.D. / Paul Ekman Group, LLC
Satz: C. Schaber Datentechnik, Wels
Druck und Bindung: Pustet, Regensburg
Printed in Germany 2011

ISBN 978-3-453-16992-0

www.heyne.de

*In Erinnerung an
Hanspeter Luley und Jan ‚Honsa' Kiča.*

*Dem ehrlichsten Kerl
und dem größten Menschenfreund.*

*»Je mehr Schwäche, je mehr Lüge.
Die Kraft geht gerade.«*

Jean Paul

Inhalt

Dank	9
Wie es zu diesem Buch kam	11
Einleitung	17

DIE FÜNF PRINZIPIEN DES ENTLARVENS

I. VERHALTENSÄNDERUNG   39

Die Baseline	43
Veränderungen der Baseline	48
Fazit	58
Auf einen Blick: Verhaltensänderung	61

*Der Mann, der den Eiffelturm verkaufte –
von der Lust am Lügen*   62

II. DIE DREI EMOTIONEN   65

1. Angst vor der Entlarvung	66
2. Schuldgefühle	76
3. Freude über die Täuschung	82
Fazit	85
Auf einen Blick: Die drei Emotionen	88

*Der König der Diebe –
und wie ihn ein Spiegel dazu machte*   89

III. DISHARMONIEN 93

Anzeichen der Disharmonie 94
Das wahre Gefühl – Mikro-Ausdrücke 103
Fazit 110
Auf einen Blick: Disharmonien 113

Die Abenteuer des »Frauenflüsterers« –
Heiratsschwindel auf höchstem Niveau 114

IV. STRESSANZEICHEN 117

Typische Anzeichen von Stress 119
Techniken der Stresserhöhung 126
Der rettende Ausweg 144
Fazit 151
Auf einen Blick: Stressanzeichen 153

La Grande Thérèse –
ein Dorfmädchen im Élysée-Palast 154

V. VERHALTENSKONTROLLE 157

Körperliche Merkmale 158
Kontrolle des Inhalts 162
Fazit 176
Auf einen Blick: Verhaltenskontrolle 179

Das Puzzle zusammensetzen 181

ANHANG

Anmerkungen 195

Literatur 201

Dank

Ich bedanke mich bei Professor Paul Ekman, Emeritus der University of San Francisco, und bei Professor Aldert Vrij von der University of Portsmouth für ihre unermüdlichen Forschungen über die Psychologie des Lügens.

Sehr dankbar bin ich dem Heyne Verlag: meiner Lektorin Jessica Hein für ihre hervorragende Arbeit und dem Redakteur Ulrich Thiele für sein brillantes Werk.

Vor allem aber bin ich meinen Lieben verpflichtet: meiner Familie. In erster Linie meiner lieben Mutter, der ich einfach alles verdanke; meinem Vater, der stolz auf mich ist, seit ich einfach nur auf der Welt bin. Meiner Mimi, die mir eine Oase des Friedens gab, in der ich dieses Buch endlich zu Papier brachte. Und meiner Rebecca, ohne die gar nichts ging.

»Wer Augen hat zu sehen und Ohren zu hören, überzeugt sich, dass die Sterblichen kein Geheimnis verbergen können. Wessen Lippen schweigen, der schwätzt mit den Fingerspitzen; aus allen Poren dringt ihm der Verrat. Und darum ist die Aufgabe, das verborgenste Seelische bewusst zu machen, sehr wohl lösbar.«

SIGMUND FREUD

Wie es zu diesem Buch kam

»Aus der Villa Kennedy in den Knast« war der Titel eines Artikels in der *Frankfurter Rundschau* vom 18. August 2008. Nach einigen Wochen Untersuchungshaft wurden die beiden Australier Wayne A. und Antonio I. in Handschellen in das Amtsgericht Frankfurt am Main geführt. Ersteren, schmal und gebräunt, bezeichnete die Zeitung treffend als »Typ verlebter Dandy«. Antonio I., während der gesamten Verhandlung temperaturunabhängig in eine enorme Daunenjacke gehüllt, spielte offensichtlich die zweite Geige.

Was war geschehen? Die beiden hatten sich für mehrere Monate in die Präsidentensuite eines Frankfurter Luxushotels einquartiert. Beim emsigen Packen wurden sie von der Polizei überrascht – sie wollten einen Tag vor ihrem offiziellen Check-out nach Sydney abreisen. Freilich ohne vorher die Rechnung – knapp 150.000 Euro – zu begleichen. Ein Missverständnis? Nun, es stellte sich heraus, dass die beiden »Geschäftsmänner« mit Firmensitzen von Dubai bis New York völlig mittellos waren.

Die hohe Hotelrechnung rührte übrigens nicht nur vom Zimmerpreis her. Auch sonst ließen sich die beiden nicht lumpen. Neben dem üppigen Roomservice betrug allein die Forderung des hauseigenen Coiffeurs an Antonio mehrere Tausend Euro. Das war insbesondere deshalb so bemerkenswert, weil Antonio kahl war wie ein Knie.

Die Naivität des Hotels wurde allseitig verhöhnt, und eines war klar: Die beiden Herren schuldeten dem Haus viel

Geld. Aber hatten sie sich auch strafbar gemacht? Um sich nach deutschem Recht wegen Betrugs strafbar zu machen, hätten sie die Absicht haben müssen, nicht zu zahlen. Aber war das wirklich der Fall, oder gingen die Herren von heute auf morgen bankrott und konnten urplötzlich nicht mehr zahlen – eben entgegen ihrer eigentlichen Absicht? Das mag sich nach einer juristischen Nuance anhören – für die Frage, ob die zwei Australier betrogen hatten oder nicht, ist es aber von entscheidender Bedeutung.

Ich nahm als Prozessbeobachter an dem Verfahren teil. Dabei erschien es mir völlig ungeklärt, ob die beiden überraschend mittellos geworden waren oder tatsächlich betrügen wollten. Darüber unterhielt ich mich mit dem Vorsitzenden Richter, einem erfahrenen Mann, der mit seiner natürlichen Autorität und seinen sehr präzisen Fragen einen guten Eindruck auf mich gemacht hatte. Als ich ihm offenbarte, dass ich eine Verurteilung der Angeklagten problematisch sähe, legte er los: Er könne Betrüger schon daran erkennen, wie sie in den Gerichtssaal hereinkämen. Einmal hätte er als Tourist in Australien ein Gericht besucht und auf Anhieb gewusst, dass der Angeklagte schuldig war – ohne dessen Worte einwandfrei verstanden zu haben. Genau so verhalte es sich auch mit den Angeklagten hier (die selbstverständlich einen Dolmetscher zur Seite hatten) – er erkenne an ihrem bloßen Auftritt, dass sie logen.

Dieses Selbstbewusstsein stimmte mich sehr nachdenklich. Kann man Lügner wirklich so eindeutig entlarven? Gibt es den typischen Gang, die typische Stimme des Lügners?

Wie schön, wenn es so leicht wäre!

Die Entstehung dieses Buches

Ich wollte es wissen – und vertiefte mich daher in das Gebiet der Lügenforschung, mit dem ich bisher nur am Rande zu tun gehabt hatte. Während meines Studiums in Trier und Oxford hatte ich ein psychologisches System von Techniken entwickelt, mit denen man Fachkompetenz zeigt; ich nannte es *Competence Display*. Dieses Thema ist gerade für Dienstleister wie Rechtsanwälte, Berater und Banker wichtig – für Menschen also, die nichts als ihre Kompetenz anbieten und diese daher auch darstellen müssen. Doch gerade in Zeiten der Bankenkrise, zu deren Höhepunkt ich auch noch im Krisenzentrum New York lebte, wurde ich immer häufiger gefragt, wie man Inkompetenz entlarvt. Als ich dieser Frage nachging, wurde eines immer deutlicher: Das Entlarven von Inkompetenz ist nichts anderes als das Entlarven einer Lüge – der Lüge über die vermeintliche Fachkompetenz.

Damit war ich wieder bei dem Phänomen Lüge angekommen, einem Thema, das mich ja ohnehin schon interessierte. Wenn ich Inkompetenz entlarven wollte, musste ich lernen, Lügen zu entlarven.

Die gute Nachricht gleich zu Beginn: Der Mensch ist besser als jeder moderne Lügendetektor. Aber er braucht die richtige Technik. Damit kann er, allein indem er auf den Gesichtsausdruck seines Gesprächspartners achtet, die Entlarvungsrate von knapp 50 % auf 67–80 % anheben; wenn er zusätzlich stimmliche Anzeichen berücksichtigt, steigt die Genauigkeit sogar auf durchschnittlich 86 %; beachtet er Gesichtsausdrücke, Stimme und Körpersprache entsprechend den Prinzipien, die im Folgenden dargestellt werden, kommt er sogar auf eine Treffsicherheit von über 90 %![1]

Die Quellen

Woher schöpfe ich das Wissen, aus dem dieses Buch entstanden ist? Vor allem aus zwei Quellen: aus der modernen psychologischen Forschung und aus der Praxis. Letztere konzentriert sich in diesem Fall auf die Verhörtechniken von Experten, angewandt von der Polizei bis hin zur CIA. Diese Techniken sind absolut praxisbezogen. Viele davon wurden auch wissenschaftlich überprüft – wobei einige in ihrer Effektivität bestätigt, andere als Mythen entlarvt wurden. Dieses Buch ist die Essenz aus all diesen Erkenntnissen: Es ist so praxisbezogen wie die Leitfäden der Verhörexperten, doch alle unwirksamen Techniken und Mythen wurden daraus verbannt.

Nachdem ich die wirkungsvollsten Techniken ausgewertet und systematisiert hatte, erkannte ich gewisse Muster: Die effektiven Techniken sind nicht zufällig so erfolgreich – sie sind systematisch miteinander verwoben und mit psychologischen Mechanismen verknüpft. So kristallisierten sich fünf Prinzipien heraus, mit denen man Lügen entlarven kann: *Verhaltensänderung, die drei Emotionen, Disharmonien, Stressanzeichen* und *Verhaltenskontrolle*. Jedes dieser fünf Prinzipien wird in einem eigenen Kapitel erklärt und veranschaulicht.

Auch die Methoden von Lügendetektoren und modernsten polizeilichen Verhörsystemen wie etwa *Reality Monitoring* werden erläutert und in die Prinzipien eingebaut. So erhält man die effektivsten Vorgehensweisen, die es jemals zum Entlarven von Lügen gab. Verdeutlicht werden sie durch zahlreiche Beispiele, häufig aus dem Liebesleben oder dem Berufsalltag, wie sie wohl jeder aus seinem Leben kennt.

Mit diesem Buch halten Sie also eine Anleitung in den Händen, mit der Sie Lügen nach allen Regeln der Praxis und

Wissenschaft enttarnen können – besser und effektiver als je zuvor.

Was die beiden australischen »Geschäftsleute« angeht, so wurden sie jeweils zu einer Haftstrafe von einem Jahr und fünf Monaten verurteilt. Auf einer äußerst fragwürdigen Grundlage, wie Sie bald erkennen werden ...

Auf ein Wort

Ich werde hier auf *gender mainstreaming* verzichten. Es wird also nicht immer von dem/der LeserIn die Rede sein – ein solches Vorgehen macht das Lesen zur Tortur. Um das Geschlecht zu entscheiden, warf ich eine Münze (Kopf für männlich, Zahl für weiblich) so lange, bis Kopf fiel – im eigenen Geschlecht schreibt es sich eben am authentischsten.

Dass in diesem Buch der eine oder andere Anglizismus vorkommt, liegt daran, dass die Psychologie seit dem Zweiten Weltkrieg vom angloamerikanischen Sprachraum dominiert wird.

Die Quellen, die in dieses Buch eingeflossen sind, werden allesamt mit Quellenangaben belegt – einerseits um die Wissenschaftler zu honorieren, auf deren Arbeit meine Erkenntnisse basieren; andererseits um zu zeigen, dass diese Erkenntnisse auf Jahrzehnten der Forschung beruhen: Die Quellen sind meine Zeugen, sie können jederzeit überprüft werden. So können Sie sicher sein, die zuverlässigsten Informationen zum Thema Lügen in den Händen zu halten, die es zurzeit gibt.

*»Es war die Art zu allen Zeiten,
Irrtum statt Wahrheit zu verbreiten.«*

Johann Wolfgang von Goethe

Einleitung

Der Psychologe Paul Ekman führte an der University of San Francisco einmal ein interessantes Experiment durch: Er zeigte vermeintlichen Experten wie Richtern, Kriminalbeamten und Psychiatern Videoaufzeichnungen mit Aussagen von Menschen, die entweder die Wahrheit sprachen oder logen. Aufgabe der Testpersonen war es nun, die Ehrlichen von den Lügnern zu unterscheiden. Das Ergebnis war erschreckend – die angeblichen Experten schlugen sich kein bisschen besser als der pure Zufall.

In einem Experiment der Psychologen Bella DePaulo und Roger Pfeifer gab es drei Versuchsgruppen: Studenten ohne jegliches Training im Entlarven von Lügen, junge Polizisten und erfahrene Ermittler. Alle drei Gruppen sollten Lügen von Wahrheiten unterscheiden. Wieder war das Ergebnis erschütternd, weil die Gruppen fast gleich abschnitten: Ihre Trefferquote war kaum besser, als wenn sie eine Münze geworfen hätten (53,6 %).

Man kann es nicht anders ausdrücken: Menschen sind miserabel darin, Lügen zu erkennen. Selbst langjährige Paare können nicht beurteilen, ob der Partner lügt. Immer wieder werden Stimmen laut, die behaupten, dass diese Paare aus genau diesem Grund so lange zusammengeblieben sind.

Aber wir sind nicht nur schlecht im Entlarven – wir sind auch noch überzeugt davon, hervorragende »Entlarver« zu sein, getreu dem Trottel-Motto: »Mir kann keiner was vormachen!« Diese Selbstsicherheit macht uns noch anfälliger für Fehler.

So versteifen sich vermeintliche Experten tagtäglich auf völlig falsche Anzeichen, um Unwahrheiten zu enttarnen. Wie die Sozialpsychologen Robert Kraut und Donald Poe herausfanden, achten professionelle Zollfahnder auf Faktoren, die nichts mit der Lüge zu tun haben: wenig Blickkontakt und Vermeidung direkter Antworten, dreckige Kleidung und vermehrte Handbewegungen. Schon schwarze Kleidung lässt Polizisten misstrauisch werden, wie die Psychologen Aldert Vrij und Lucy Akehurst an der britischen University of Portsmouth entdeckten. Attraktivere Vertreter unserer Art und Menschen mit einem sogenannten »Baby-Face« (hohe Stirn und weit auseinander liegende Augen) genießen dagegen den Bonus, für ehrlicher gehalten zu werden.[1]

Leider sind all diese Anzeichen entweder irrelevant oder bedeuten gar das Gegenteil: Handbewegungen zum Beispiel verringern sich beim Lügen eher – doch dazu später mehr. So wiegen sich die vermeintlichen Experten in einer trügerischen Sicherheit, die zu noch gröberen Irrtümern führt. Übrigens tappen die Leute überall in dieselben Fallen: In den unterschiedlichsten Kulturkreisen – von Jordanien bis zu den USA – sucht man nach den gleichen Hinweisen, um Lügner zu entlarven.[2]

Weshalb wir so schlecht entlarven

Wie kann es sein, dass wir so schlecht darin sind, Lügen zu entlarven? Es ist ja nicht so, dass uns Unehrlichkeit egal wäre. Bei einer Umfrage des Nachrichtenmagazins *US News and World Report* gaben 94 % der Befragten an, dass Ehrlichkeit bei einem Freund eine »extrem wichtige« Eigenschaft sei. Überraschend ist hier höchstens, dass 6 % anderer Meinung waren. In Umfragen wird »Ehrlichkeit« regelmäßig als eine der fünf wichtigsten Eigenschaften genannt, die Menschen von Freunden, Partnern und Führungskräften erwarten.[3]

Wenn uns Ehrlichkeit dermaßen wichtig ist – wie kann es dann sein, dass wir der Lüge so leicht auf den Leim gehen? Nun, ein wesentlicher Faktor ist die Tatsache, dass uns die Evolution zu guten Lügnern gemacht hat. Wurde man in der Urzeit als Lügner entlarvt, war der Ruf in der kleinen Gemeinschaft dahin – man wurde aus dem Stamm ausgeschlossen. Ohne Stamm war der Einzelne aufgeschmissen: Allein konnte er sich nicht versorgen, Angriffen würde er kaum standhalten – er sah dem sicheren Tod ins Auge. Dass wir uns auch heute noch buchstäblich fürchterlich fühlen, wenn wir von einer Gruppe ausgeschlossen werden – ob im Schulhof oder in der Kantine –, ist ein Erbe dieser stammesabhängigen Zeit. Doch zurück zu unseren Vorfahren: Welche Konsequenzen zogen sie aus diesen düsteren Aussichten? Sie logen seltener, aber wenn sie logen, mussten sie überzeugen, um zu überleben.[4] Der Lügner war und ist der Gejagte – wie der Hase, der vor dem Fuchs davonläuft: Für den Fuchs stellt der Hase eine nette, aber keinesfalls unverzichtbare Mahlzeit dar – der Hase aber läuft um sein Leben.

Gut zu lügen war also in der Regel wichtiger, als gut zu entlarven – es war lebenswichtig. So entwickelten wir uns über Generationen zu meisterhaften Täuschern. Der Anthropologe Robert J. Trivers von der amerikanischen Rutgers University ist sogar überzeugt davon, dass erst die Lüge zur Herausbildung des menschlichen Gehirns geführt hat.

Und heute? Heute können wir unseren Vorfahren dankbar sein, denn die Gegenwart bietet uns mehr Gelegenheiten denn je, unsere ererbten Fähigkeiten anzuwenden: Wir verfügen über mehr Privatsphäre als je zuvor. Und sollten wir doch einmal als Lügner enttarnt werden, können wir ohne Weiteres die Gemeinschaft wechseln – sei es durch Wechsel des Jobs, des Wohnorts oder eben der Facebook-Gruppe. Unsere mobile Welt ist die ultimative Spielwiese für meisterhafte Lügner.

Dabei können notorische Lügner von Glück sagen, dass die Strafen auf Lügen – also Betrug und Korruption – in unserer Zeit verhältnismäßig harmlos ausfallen im Vergleich zu Gewaltverbrechen. Noch im Mittelalter war das völlig anders: Ein Raub galt als »offen« und »ehrlich«, »heimliche« Bereicherungen wie Diebstahl und Betrug verurteilte man dagegen als »feige« und »schimpflich«. Sie wurden mit Galgen und Pranger statt mit Enthaupten bestraft – zum Tod kamen also noch Schmach und Schmerz hinzu.

Wir lernen es nicht

Vielleicht denken Sie sich jetzt: Schön und gut, aber der einen oder anderen Lüge bin ich durchaus auf die Schliche gekommen. Überlegen Sie einmal – wie haben Sie meist herausgefunden, dass man Sie hintergehen wollte? Vielleicht durch Informationen, die Sie von anderen erhielten, oder durch Beweise, die Ihnen im Nachhinein in die Hände fielen? Eine Studie legt jedenfalls nahe, dass die meisten Lügen auf diese Weise aufgedeckt werden.[5] Nur 2 % der Studenten, die befragt wurden, konnten behaupten, eine Lüge erkannt zu haben, noch während sie belogen wurden.

Aber das waren Studenten, junge Leute ohne viel Lebenserfahrung! Wenn man älter und weiser wird, entwickelt man doch sicher ein untrügliches Gespür für Lug und Trug, nicht wahr? Leider nein. Diesbezüglich lernt der Mensch kaum dazu. Schon unsere Eltern verweigern uns das nötige Rüstzeug zum Entlarven von Unwahrheiten: Sie belügen uns regelmäßig, etwa über den Tod von Verwandten oder über die Existenz des Weihnachtsmannes, und sind uns nicht gerade dabei behilflich, diese Lügen zu entlarven. Der kanadische Psychologe Ken J. Rotenberg fand heraus, dass Kleinkinder ein simples Lächeln als Indiz für Ehrlichkeit werten. Und dabei bleibt es mehr oder weniger: Auch im reiferen Alter stolpert man durchs Leben und verlässt sich auf seinen leider ahnungslosen Bauch.

Dabei ist uns doch eigentlich bewusst, dass häufig gelogen wird. Und trotzdem wird wenig Planvolles gegen das Lügen unternommen. Warum? Ganz einfach: Wir wollen es nicht wahrhaben. Denn ganz tief in unserem Inneren glauben wir an eine gerechte Welt, in der stets das Gute siegt. Am Ende bekommt jeder, was er verdient, denken wir, weshalb die bösen Lügen letztendlich immer entlarvt werden. Nur ist dieser »Mythos einer gerechten Welt«, wie der Sozialpsychologe Melvin J. Lerner formulierte, leider ein Wunschtraum, der einzig dazu dient, die Ungerechtigkeiten der Welt zu ertragen.

Oft ist es auch in unserem eigenen Interesse, nicht allzu misstrauisch zu sein. Denn damit würden wir uns den Alltag schwermachen – und nicht nur uns, sondern auch den anderen, deren Freundschaft wir durch unser Misstrauen kaum gewinnen dürften. Ständiges Misstrauen nämlich ist das sicherste Rezept, sämtliche Beziehungen gegen die Wand zu fahren. Jemanden zu Unrecht zu beschuldigen, kann nicht nur Freundschaften zerstören, es kann Karrieren ruinieren und Unschuldige ins Gefängnis bringen.

Daher haben wir uns angewöhnt, vorerst zu vermuten, dass die anderen ehrlich sind. Das Gute daran ist: Rein statistisch liegen wir damit sogar relativ oft richtig!* Denn man hört im Alltag eben doch eher die Wahrheit als die Lüge: Die meisten Menschen, mit denen man zu tun hat, sprechen einfach häufiger die Wahrheit als die Unwahrheit (wenn man nicht gerade Polizist oder Strafrichter ist). Jemandem nicht zu glauben, erfordert eine zusätzliche Anstrengung, meint der Harvard-Psychologe Daniel Gilbert. Also machen wir uns das Leben leicht und vertrauen erst einmal. Doch das kann – gerade, wenn es darauf ankommt – zu verheerenden Fehlentscheidungen führen.

Diesen Vertrauensvorschuss (*truth bias*) gewähren übrigens nicht alle Menschen: Polizisten wie auch Häftlinge sind in der Regel (zu) misstrauisch und glauben dem Gesprächspartner erst einmal nicht. Verkäufern wird generell misstraut: Man begegnet ihnen nicht mit einem Vertrauensvorschuss, sondern – zu ihrem Leidwesen – in der Regel mit einem Misstrauensvorschuss.[6]

---

* Wenn beispielsweise eine Ehefrau zehn Gespräche mit ihrem Mann führt und ihm alles glaubt, er aber bei zwei Gesprächen lügt, sieht es folgendermaßen aus: Mit 80 % Treffsicherheit hat sie die Wahrheit erkannt (8 von 10), mit 0 % Genauigkeit die Lüge (0 von 2). Das macht im Schnitt eine Trefferquote von 50 % – also wieder genauso gut wie der reine Zufall.

Kein kleiner Unterschied: Lügen von Mann und Frau

Männer und Frauen lügen gleich häufig. Doch die Lügen selbst gleichen sich nicht: Männer lügen eher über sich selbst, Frauen über andere. Denn Frauen lügen häufiger, um anderen eine Freude zu machen – sie verteilen übertriebene Komplimente und »freuen« sich über unerwünschte Geschenke. Und genau deshalb – dank der Lüge! – sind Frauen im Durchschnitt die beliebteren Gesprächspartner. Und zwar bei Männern und Frauen.[7]

Doch damit hören die Unterschiede nicht auf: Männer lügen eher über ihre beruflichen und finanziellen Perspektiven; häufig mit dem Ziel, eine Frau ins Bett zu locken. Die Täuschungen der Frauen zielen dagegen meist auf ihre sexuellen Erfahrungen und ihren Körper (etwa indem sie gezielt den Bauch einziehen).[8]

Eine Studie der Psychologinnen Susan Cochran und Vickie Mays zeigte, dass 60 % der Frauen schon belogen wurden, damit es zum Sex kam, während 34 % der Männer zugaben, schon aus diesem Grund gelogen zu haben. (Scheinbar hatten diese Männer mehr als nur eine Frau belogen ...) Männer lügen kaum (nur 4 %), Frauen erheblich häufiger (42 %) über die Anzahl ihrer bisherigen Sexualpartner. Die Lügen von Männern und Frauen spiegeln die Erwartungen des jeweils anderen Geschlechts wider: Männer wünschen sich eine attraktive und sexuell wenig erfahrene Frau, Frauen einen erfolgreichen Mann, wie die Evolutionspsychologen David Buss und Michael Barnes feststellten.

Eine Daumenregel des amerikanischen Autors und Journalisten Henry Louis Mencken ist in diesem Lichte betrachtet durchaus hilfreich: »Nimm den Durchschnitt von dem, was eine Frau über ihren Mann denkt, kurz bevor sie ihn heiratet, und von dem, was sie ein Jahr danach denkt, und du erfährst die Wahrheit.« Bei all diesen Unterschieden zwischen Mann und Frau sind die Mechanismen, mit denen man eine Lügnerin oder einen Lügner entlarven kann, glücklicherweise die gleichen.

Lügen in der persönlichen Entwicklung

Wann lernen wir das Lügen? Oder ist es uns schon in die Wiege gelegt? Tatsächlich: Die indisch-britische Psychologin Vasudevi Reddy meint, dass Säuglinge mit der Fähigkeit zu kommunizieren auch gleich die Fähigkeit zur Täuschung erlernen. Auf jeden Fall sind Zweijährige bereits versierte Lügner: In einem Experiment deuteten sie absichtlich in die falsche Richtung, damit andere Kinder etwas nicht fanden, was sie selbst haben wollten. Die ersten mündlichen, oft nur aus einem Wort bestehenden Lügen haben zumeist zum Ziel, einer Bestrafung zu entgehen.[9] Die Forscherinnen Bella DePaulo und Audrey Jordan sind überzeugt davon, dass Kinder das Konzept des Bewusstseins anderer frühestens mit dreieinhalb Jahren begreifen und erst dann bewusst lügen, um sich einen Vorteil zu verschaffen.

Jedenfalls ist das Lügen nicht nur eine lästige Begleiterscheinung des Aufwachsens, sondern absolut wesentlich für die persönliche Entwicklung. Denn die Lüge dient dem Kind dazu, erste Geheimnisse zu haben, sogar vor den Eltern – so lernt es, dass die Eltern doch nicht allwissend sind. Der einstige Freud-Schüler Victor Tausk behauptete, dass erst die Lüge dem Kind deutlich macht, dass es eine ganz eigene Identität besitzt, was zur Entwicklung von Eigenverantwortung führt.

Der Erwachsene unterscheidet sich nicht allzu stark vom Kind: Auch er lügt typischerweise, um Konflikten und Bestrafungen zu entgehen und stattdessen Vorteile zu erlangen – etwa Geld, Posten oder Sex. Doch es gibt noch eine ganz andere Art der Lüge: die Lüge gegenüber sich selbst. So reden sich beispielsweise Alkoholiker oft ein, dass sie nicht suchtkrank seien, um Aufdeckung, Scham und Demütigung zu vermeiden.

Eine Lüge – was ist das eigentlich?

Ist die Antwort auf diese Frage so einfach, wie sie auf den ersten Blick scheint – oder gibt es vielleicht mehr als nur die *eine* Lüge?

»Die Wahrheit, die reine Wahrheit und nichts als die Wahrheit« müssen Zeugen vor US-Gerichten aussagen. Die dreifache Wiederholung ist kein Stilmittel; vielmehr werden damit die drei Grundpfeiler der Täuschung erfasst und auch für moralisch Wankelmütige als Lüge definiert: die klassische Lüge, die Vermengung von wahren mit unwahren Aussagen und irreführende Angaben.

Bei der klassischen Lüge will man jemanden absichtlich täuschen, indem man etwas, das man für falsch hält, als wahr vorspiegelt. Der Psychologe Paul Ekman definiert die Lüge ähnlich: »Eine Lüge hat zum Ziel, einen anderen in die Irre zu führen, ohne vorherige Ankündigung dieses Zieles und ohne vom Belogenen explizit dazu aufgefordert worden zu sein.«

Das Vermischen von wahren und unwahren Aussagen ergibt ebenfalls eine Lüge. Ein Beispiel: Jemand erzählt von einem Kinobesuch, der nicht – wie behauptet – gestern stattfand, sondern bereits eine Woche zurückliegt. Es ist also keinesfalls alles gelogen, aber zur Wahrheit kommt eben ein meist entscheidendes Quäntchen Unwahrheit hinzu. Entsprechend schrieb der amerikanische Schriftsteller Thornton Wilder: »Jede halbe Wahrheit ist eine drei viertel Lüge.«

Die letzte Form der Lüge ist die sogenannte Irreführung: Man sagt die Wahrheit, stellt sie aber so dar, dass der andere getäuscht wird. Dabei gibt es drei Varianten. Man kann etwas Wichtiges weglassen (»Ich habe nie wieder mit ihr telefoniert« – *Aber gemailt*), etwas Irreführendes erzählen (»Ja, sie hat mich zu Hause angerufen, aber aus Versehen« – *Sie wollte eigentlich auf dem Handy anrufen*) oder einfach etwas Falsches nicht korrigieren (»Du warst ja gestern müde und bist deshalb früh ins Bett« – *Aber um 23 Uhr doch noch mal raus zum Speed-Dating*).

Der französische Diplomat Charles de Talleyrand sah in diesen Irreführungen keine Lüge. Deshalb meinte er: »Ich lüge nie. Aber niemand kann mich zwingen, die Wahrheit zu sagen.« Eine praktische Moralvorstellung, aber leider falsch. Schließlich wird auch hier dem Gegenüber absichtlich etwas Unwahres vorgespiegelt, selbst wenn man sich passiv verhält und etwas eben *nicht* sagt. Diese Formen der Lüge haben den gleichen Effekt wie die klassische Lüge und sind noch dazu schwieriger zu entlarven. Doch die Techniken, die in diesem Buch geschildert werden, passen auf jede Form der Lüge.

Die Lüge ist überall

»Dass wir oft an Wahlkampfaussagen gemessen werden, ist nicht gerecht«, befand einmal der sozialdemokratische Politiker Franz Müntefering. Solche Aussagen sind wenig geeignet, dem Misstrauen gegenüber Politikern entgegenzuwirken. Politikerwitze, die in diese Kerbe hauen, gibt es unzählige, darunter durchaus geistreiche: »Kennen Sie den sichersten Hinweis darauf, dass ein Politiker lügt? Er bewegt die Lippen.« Der Christdemokrat Konrad Adenauer widersprach derartigen Vorwürfen halbherzig, aber gewissermaßen ehrlich: »Es ist ja nicht alles, was ich den Bürgern sage, gelogen.«

Aber ist das nicht ein Klischee – der verlogene Politiker? Tatsächlich: Die Lüge taucht eben nicht nur in Situationen auf, in denen man sie ohnehin erwartet: im Wahlkampf, im Verkaufsgespräch oder in der Gerichtsverhandlung. Nein: Die Lüge ist überall.

Zum Beispiel bei der Jobsuche: Der britische Psychologe W. P. Robinson fand heraus, dass ganze 83 % der Absolventen bereit sind, bei einem Vorstellungsgespräch zu lügen, um einen begehrten Job zu bekommen. Und es bleibt nicht bei der Bereitschaft: Immerhin ein Viertel aller britischen Angestellten setzten ihren bedingten Vorsatz in die Tat um, wie der Publizist Brian King ermittelte. Die häufigste und zugleich harmloseste Lüge lautet dabei wohl: »Natürlich ist diese Firma meine erste Wahl!« Doch die Unternehmen sind kaum besser: Oft locken sie neue Mitarbeiter mit der Aussicht auf eine Laufbahn, die sie gar nicht bieten können ...

Und wenn man im Berufsalltag angekommen ist, geht es munter weiter mit dem Lügen: Sachverhalte werden falsch dargestellt, Liefertermine können gar nicht eingehalten werden, für einen Auftrag wird alles Mögliche ins Blaue hinein versprochen. Gerne wird auch die Zahlungsunfähigkeit verschwiegen: »Wie, Sie haben die Überweisung immer noch nicht bekommen? Na so was, da war wohl ein Zahlendreher drin.« Intern sieht es auch nicht besser aus: Kollegen schmücken sich mit fremden Lorbeeren, Fehler werden vertuscht, Nichtwissen kaschiert und Wissen gehortet.

Auch Ärzte sind ein beliebtes Opfer von Lügen. Manche Patienten wollen krankgeschrieben werden, obwohl sie gesund sind, andere – ein modernes Phänomen – wollen nicht krankgeschrieben werden, obwohl sie krank sind (»Präsentismus«). Drogenabhängige kommen mit gefälschten Rezepten daher, Tablettensüchtige behaupten, sie hätten ihre Medikamente verloren, und so weiter und so fort.

Leider macht die Lüge auch vor dem Privatleben nicht halt: Selbst in nahen Beziehungen wird häufig gelogen – und erst recht, wenn die Beziehungen noch nicht so eng sind. Der Psychologe Wade Rowatt errechnete, dass ganze 90 % seiner Befragten bereit waren, bei Dates zu lügen. Allein in den ersten zehn Minuten des Kennenlernens lügen wir durchschnittlich mehr als zweimal, wie James Tyler mit seinem Team feststellte.

Die Frage ist nicht, in welchen Lebensbereichen gelogen wird – sondern in welchen *nicht* gelogen wird.

Der Pavian und das Chamäleon – Lügen im Tierreich

In der Paviangesellschaft gibt es ein Problem: Männliche Paviane teilen ihre Beute nur sehr ungern, das Pavianweibchen aber frisst nur zu gern mit. Um ihren Willen zu bekommen, bezirzt es daher das Männchen, wenn dieses gerade eine Antilope gerissen hat. Sobald sich das Männchen darauf einlässt, schnappt sich das Weibchen den Kadaver und macht sich aus dem Staub. (Ob es in einer artverwandten Spezies ähnliche Phänomene zu beobachten gibt, sei dahingestellt.)

Man könnte zahlreiche Beispiele für Tiere aufzählen, die die Täuschung zum festen Bestandteil ihres Verhaltens gemacht haben; denken Sie nur an das Chamäleon, den Inbegriff des Scheins. Tiere täuschen, um zu überleben: Der Kugelfisch etwa bläst sich auf (mit nichts als heißer Luft) und wirkt dadurch größer und bedrohlicher.

Sogar primitivste Lebewesen sind versierte Täuscher, wie das penible Paarungsritual der Feuerfliege Photinus Pyralis zeigt: Der männliche Photinus Pyralis sendet in sechssekündigen Intervallen einen halbsekündigen Blitz aus und fliegt dabei eine J-förmige Kurve über dem Weibchen. Dieses reagiert mit eigenen halbsekündigen Blitzen in jeweils zweisekündigen Intervallen. Erst nach diesem Signal lässt sich das Männchen auf die Paarung ein. Doch eine andere Feuerfliege, die Photuris, ist mit diesem pedantischen Paarungsverhalten ihrer Artgenossen vertraut – und täuscht sie gezielt: Die Photuris imitiert die romantischen Blitze des Weibchens. Wenn sich dann das liebestolle Männchen nähert, schnappt und verspeist sie es. Und die Photuris ist beileibe nicht die einzige Art, die sich ernährt, indem sie den Sexualtrieb anderer weckt. Selbst Pflanzen täuschen auf diese Weise: Die Orchidee gibt sich als Wespenweibchen aus, um vom Männchen bestäubt zu werden.

Der König der Täuschung aber ist der Mensch – zwangsläufig. Wie der Soziologe Arnold Gehlen feststellte, sind Menschen *Mängelwesen*: Im Vergleich zu anderen Lebewesen sind sie langsamer und schwächer. Wollten sie in grauer Vorzeit überleben, mussten sie daher ihre Intelligenz gebrauchen, um effektive Fallen und Hinterhalte – also Täuschungsmanöver – zu ersinnen. Nun, da die Spezies Mensch die Erde dominiert, wird bevorzugt innerhalb der eigenen Art getäuscht – was die Qualität der Hinterhalte freilich in ungeahnte Dimensionen katapultiert.

Die entscheidende Bedeutung des Entlarvens

Hat es dann überhaupt einen Sinn, sich dem Entlarven von Lügen zu widmen, oder handelt es sich dabei womöglich um ein aussichtsloses Unterfangen? Die Konsequenzen der Lüge lassen uns keine Wahl: Wir müssen alles tun, um nicht belogen zu werden. Warum? Die Antwort darauf fängt bei unseren intimsten Gefühlen an und hört bei der Weltgeschichte auf.

Wenn wir belogen werden, fühlen wir uns entwertet, beleidigt und verraten – Lügen sind eine persönliche Verletzung. Noch dazu machen uns die Lügen anderer handlungsunfähig, denn ohne richtige Informationen können wir keine richtigen Entscheidungen treffen. Wir begehen Fehler, die ärgerliche bis katastrophale Konsequenzen haben: Wir bezahlen zu viel für das neue Auto, verbringen unsere besten Jahre mit einem erbärmlichen Schwindler oder bleiben auf einem Millionenschaden sitzen, weil wir einen inkompetenten Manager mit einer Schlüsselposition betraut haben.

Wenn Vorgesetzte und Mitarbeiter auf Dauer unehrlich zueinander sind, steht die ganze Unternehmenskultur auf dem Spiel. Mangelndes Vertrauen, verfälschte Kommunikation – ein allgemeines Klima des Misstrauens lässt das effiziente Funktionieren eines Betriebs unmöglich werden, wie Samuel Culbert und John McDonough herausfanden.

Ja, es kann sogar den Weltfrieden kosten, wenn hochrangige Diplomaten und Staatslenker einer Lüge auf den Leim gehen. Bei einem schicksalhaften Treffen am 15. September 1938 belog Adolf Hitler den britischen Premierminister Neville Chamberlain: Er behauptete, keinerlei Absicht zu haben, die Tschechoslowakei anzugreifen. Chamberlain glaubte Hitler; so schrieb er nach dem Treffen an seine Schwester, dass Hitler ein »ehrlicher und zuverlässiger Mann« sei, und setzte seine Appeasement-Politik fort – was sich spätestens nach Hitlers Invasion der Tschechoslowakei als katastrophaler Irrtum entpuppte.[10] Hätte Chamberlain Hitlers perfide Lüge enttarnt, wäre die Geschichte völlig anders verlaufen.

Staatsoberhäupter belügen sich nicht nur gegenseitig, sondern auch ihr eigenes Volk – vor allem um einen Krieg anzuheizen. Die Lügen der George-W.-Bush-Regierung sind vielleicht noch nicht alle entlarvt, doch die Wahrheit über das Tun seines Vorgängers Lyndon B. Johnson kam dank der 1971 veröffentlichten Pentagon-Papiere ans Licht: Johnson behauptete 1965 vor dem US-Kongress, nordvietnamesische Boote hätten im Golf von Tonkin US-Einheiten angegriffen. Aufgrund dieser Lüge wurde er vom Kongress zum Krieg ermächtigt, und das Desaster nahm seinen Lauf. Schon der britische Schriftsteller Rudyard Kipling wusste: »Die Wahrheit ist das erste Opfer des Krieges.«

Kaum etwas ist wichtiger, als zu wissen, was die Menschen um uns herum wirklich denken: Ob sie sagen, was sie tatsächlich meinen, wissen oder beabsichtigen. Moderne Kommunikationsformen hin oder her: Die Schlüsselmomente im Leben sind stets persönliche Gespräche, sei es ein Ehestreit, ein Bewerbungsgespräch oder eine Gehaltsverhandlung. Im Gespräch werden Meinungen und Entscheidungen geformt – und genau an diesem Punkt setzt die Täuschung an.

Die vermeintliche Notlüge

»Ein Dutzend verlogener Komplimente ist leichter zu ertragen als ein einziger aufrichtiger Tadel«, schrieb Mark Twain. In der Tat scheinen Lügen nicht immer »böse« zu sein – für so manche soziale Beziehung sind sie unabdingbar, und bestimmte Lügen kann man sogar als selbstlos bezeichnen. Zur Höflichkeit gehört eben die ein oder andere kleine Lüge. Wie sähe es mit unserem Selbstvertrauen aus, wenn wir jedes Mal die schonungslose Wahrheit erführen? »Du bist aber gealtert!«, »Dein Kind ist wirklich das hässlichste, das ich je gesehen habe!«. Wenn eine Frau ihren Mann fragt, ob er meine, dass sie abgenommen habe, will sie die Wahrheit möglicherweise gar nicht hören.

So rechtfertigte schon der große Theologe des 13. Jahrhunderts, Thomas von Aquin, die Notlüge. Von Immanuel Kant kategorisch abgelehnt, gestatten in der Neuzeit vor allem Utilitaristen wie Henry Sidgwick das Lügen, da sie sich nicht an einer abstrakten Moral, sondern am konkreten Nutzen einer Tat für die Gesellschaft orientieren.

Also, Notlüge ja oder nein? Unproblematisch ist sie jedenfalls nicht: Wenn ein Arzt trauernden Angehörigen fälschlicherweise mitteilt, dass das Unfallopfer nicht gelitten habe, sondern gleich gestorben sei, erscheint die Lüge noch gerechtfertigt. Andere Situationen werfen schwierigere Fragen auf: Bleibt einem Patienten nicht mehr viel Zeit, wird ihm zuweilen – seltener als früher, aber dennoch recht häufig – auf unehrliche Weise Hoffnung gemacht. Wissenschaftler gehen davon aus, dass die psychische Verfassung einen großen Einfluss auf die Genesung hat und Optimismus stets förderlich ist. So kann auch eine zu Unrecht optimistische Aussage eines Arztes eine positive Wirkung entfalten: Der Patient lebt dank einer *Selffulfilling Prophecy* möglicherweise tatsächlich länger.[11]

Andererseits haben Menschen ein Recht darauf, zu erfahren, wie es um sie steht. Sie haben ein Recht auf die Wahrheit – niemand darf für einen mündigen Menschen entscheiden, was er lieber nicht wissen sollte. Genau dies ist nämlich ein Hauptmerkmal des diktatorischen Staates: den Zugang zu Informationen zu beschränken, um die Leute nicht »unnötig zu beunruhigen«.

Daher darf man sich auch im Alltag nicht vorschnell einreden, dass der Belogene doch gern belogen werde. Häufig ist eine Notlüge zwar kurzfristig leichter, aber auf Dauer nicht förderlich: Vielleicht wäre es tatsächlich besser, wenn der Mann seiner Frau sagen würde, sie sei zu dick, damit sie ihrer Gesundheit zuliebe ein wenig abnimmt. Der Vertriebsangestellte, der die Verkaufstechniken seiner Firma aus moralischen Gründen ablehnt, seinen Vorgesetzten aber weismacht, er würde sie selbstverständlich anwenden, sollte am besten das Unternehmen wechseln. Wenn man genauer hinschaut, entpuppen sich viele vermeintliche Notlügen sogar als Lügen um eines eigenen Vorteils willen: Wir sind zum Abendessen eingeladen und lügen über das »leckere« Essen – aber nicht nur, weil wir niemanden verletzen wollen, sondern auch, um wieder mal in die erlauchte Runde aufgenommen zu werden.

So hatte der irische Schriftsteller James Joyce ganz recht, als er schrieb: »Der Erfinder der Notlüge liebte den Frieden mehr als die Wahrheit.« Oder eben gar den Vorteil.

Wenn Sie entlarven können

Zu wissen, was der Gesprächspartner wirklich denkt, weiß und will, gibt uns die Fähigkeit, in jedem Gespräch die Oberhand zu gewinnen und mit einem maßgeblichen Vorsprung durchs Leben zu gehen. Stellen Sie sich vor, welche Vorteile Sie dadurch erlangen können.

Sie werden wissen, ob Ihr Verhandlungspartner auch wirklich die Karten auf den Tisch gelegt hat: ob die angeblichen Sachzwänge zutreffen, ob er seine Zusagen einhalten kann und was das letzte Zugeständnis in Sachen Preis ist. Als Verkäufer werden Sie erkennen, ob der Kunde die Wahrheit sagt, wenn er von dem tollen Angebot erzählt, das er woanders erhalten habe, und was die wahren Gründe hinter seinem Zögern sind.

Sie werden die Inkompetenz eines Stellenbewerbers oder Beraters rasch durchschauen. Sie werden es wissen, wenn der teure Gerichtsprozess von vornherein nicht zu gewinnen war und der Anwalt die Angelegenheit nur unnötig in die Länge gezogen hat. Sie werden einschätzen können, ob der tadellos erscheinende BMW, den Sie online entdeckt haben und nun auf einem Bochumer Autohof vor sich sehen, auch wirklich unfallfrei ist. Ob die Bremsklötze tatsächlich »durch« sind, wie der Mechaniker sagt.

Wenn Sie Kinder haben, werden Sie wissen, ob Ihr Kind ehrlich ist – ob es tatsächlich nicht raucht oder kifft. Als Polizist werden Sie erkennen, wann die Ausreden, die Sie täglich hören, wahr sind. Und als Wähler werden Sie die Aussagen von Politikern und Wirtschaftslenkern beurteilen können – ob im Fernsehen oder in der Zeitung.

Insofern könnte man sogar sagen, dass eine geschulte Wahrheitsfindung zur Stärkung der Demokratie beiträgt, indem sie ihre Protagonisten transparenter macht – nicht umsonst meinte die schwedische Philosophin Sissela Bok: »Eine Gesellschaft, deren Mitglieder nicht in der Lage wären, wahrhaftige von lügnerischen Botschaften zu unterscheiden, würde zusammenbrechen.« Doch vor allem hilft die Gabe, zwischen wahr und falsch zu unterscheiden, im Alltag: Man kann andere durchschauen und so die richtigen Entscheidungen treffen – eine Fähigkeit von unschätzbarem Wert.

Es ist mir bewusst: Wenige Menschen lesen tatsächlich die Einleitung. Um diese Leser für ihr Interesse und die außergewöhnliche Wertschätzung zu belohnen, die sie dem Autor damit entgegenbringen, will ich Ihnen an dieser Stelle eine der wirksamsten Techniken verraten, um eine typische Alltagslüge zu entlarven.

Sie bekommen Ihren Starbucks-Latte ausgehändigt und sind sich nicht sicher, ob er – wie bestellt – tatsächlich mit fettarmer Milch zubereitet wurde. Die übliche Frage wäre: »Ist der auch mit fettarmer Milch?«, worauf die Antwort so gut wie sicher – schnippisch oder lethargisch – »Jawohl!« lauten würde. Doch wenn Sie die Wahrheit über solch alltägliche Mini-Lügen herausfinden wollen, gehen Sie folgendermaßen vor: Fragen Sie nach dem Gegenteil! Im vorliegenden Latte-Fall würden Sie also fragen: »Ist der auch mit Vollmilch?« Wenn nun die Antwort wieder »Jawohl!« lautet, können Sie erwidern, dass Sie eigentlich einen fettarmen Latte bestellt hatten und einen solchen bitte auch serviert haben wollen (für umgerechnet knapp zehn Mark sollte der Kaffee stimmen!). Antwortet der Barista aber – mürrisch oder deprimiert – mit »Nein, das ist ein Low-Fat-Latte«, dann können Sie sehr sicher sein, dass der Latte tatsächlich fettarm ist.

Der Trick liegt darin, das Gegenteil von dem zu formulieren, was man eigentlich möchte. Damit schlägt man all jenen ein Schnippchen, die allem zustimmen, damit sie bloß keinen Mehraufwand haben – und Sie können Ihren doppelten »Chocolate Decadence Cake« dank fettarmer Milch im Kaffee guten Gewissens genießen. Diese Technik bleibt unter uns: unter Ihnen, den wohlerzogenen Einleitungslesern, und mir, der ich sie von nun an mit keinem Wort mehr erwähnen werde.

Die fünf folgenden Kapitel erläutern jeweils eines der fünf zentralen Prinzipien, mit denen Sie Lügen besser entlarven werden als je zuvor – im Privat- wie im Geschäftsleben. Diese Prinzipien geben Ihnen die wirksamsten Techniken an die Hand, die in Jahrzehnten der Forschung und Praxis ermittelt wurden. Wenn man diese Mechanismen der menschlichen Wahrnehmung und ihrer Täuschung versteht, hat man auch wichtige Grundprinzipien der menschlichen Kommunikation verstanden. Mit diesem Wissen im Gepäck wird kein Gespräch mehr sein, wie es einmal war. Sie werden Dinge sehen, hören und spüren, die Sie nie zuvor wahrgenommen haben: den unsichtbaren Konflikt zwischen Schein und Sein.

DIE FÜNF PRINZIPIEN
DES ENTLARVENS

»Gelogen wird nicht nur mit Worten,
sondern auch mit Schweigen.«

ADRIENNE RICH

I. Verhaltensänderung

Wir wissen nun, dass man gemeinhin auf die völlig falschen Faktoren achtet, um Lügen zu entlarven. Weder der Inhalt des Gesagten noch angeblich »typische« Merkmale wie die Vermeidung von Blickkontakt und zappelige Körpersprache geben wirklich Aufschluss über die Aufrichtigkeit eines Menschen. So einfach ist es also nicht.

Menschen sind eben nicht wie Pinocchio. Der Schriftsteller Carlo Collodi erschuf im späten 19. Jahrhundert die Figur des Pinocchio (in Deutschland bis in die Zeit nach dem Zweiten Weltkrieg unter dem kuriosen Namen »Hippeltitsch« bekannt): ein kleiner hölzerner Junge, dessen Nase mit jeder Lüge länger wurde, was es dem Holzschnitzer Geppetto sehr leicht machte, ihm auf die Schliche zu kommen. Die menschliche Nase wächst beim Lügen leider nicht – und es gibt auch sonst kein einzelnes Signal, das bei jeder Lüge zuverlässig auszumachen wäre, denn jeder Mensch verwendet Sprache und Körper auf seine ganz eigene Art und Weise. Ja, sogar ein und derselbe Mensch verhält sich in verschiedenen Situationen unterschiedlich: Beim schaltjährlichen Tee mit der Großtante etwa treten wir völlig anders auf als bei einem vielversprechenden Date.

Nicht ein Anzeichen – sondern die Veränderung!

Also nützt es wenig, wie ein Schießhund auf einzelne Anzeichen zu lauern und zu glauben, dass uns diese stets auf die richtige Fährte führen. Auch prinzipiell typische Signale können täuschen: Wenn ein Gast in einer nachmittäglichen Talkshow vor jeder noch so banalen Antwort eine halbe Minute nachdenklich schweigt, muss das noch lange nicht heißen, dass er das Fernsehpublikum schamlos belügt. Vielleicht geht es ja um ein intimes Thema – oder er hat schlicht Lampenfieber. Auch Papst Johannes Paul II. wollte die Ostergäste in seinen letzten Jahren trotz seiner zittrigen Körpersprache wohl kaum belügen.

Treten diese Pausen aber nur bei bestimmten Fragen auf, spricht der Gesprächspartner nur über das eine Thema mit gebrochener Stimme, dann sollten die Alarmglocken klingeln. Genau das ist der entscheidende Punkt: Man muss nach Abweichungen vom Normalverhalten Ausschau halten. Nehmen wir zwei typische Aussagen: »Natürlich hat er gelogen! Immer, wenn ich ihn etwas gefragt habe, hat er weggesehen.« – »Ich wusste, dass er lügt! Er hat mich die ganze Zeit angestarrt.« Hier wird auf zwei unterschiedliche Verhaltensweisen hingewiesen, die aber tatsächlich beide auf eine Lüge hindeuten. Denn so verschieden die Anhaltspunkte auch erscheinen, ist ihnen eines gemeinsam: die Veränderung, die Abweichung von dem Verhalten, das der Mensch normalerweise an den Tag legen würde.

Warum verhält man sich anders, wenn man lügt? Nun, wenn Angst, Schuld, Freude oder Stress empfunden werden – alles typische Begleiterscheinungen der Lüge (dazu später mehr) –, reagiert der Körper entsprechend.

Um Veränderungen effektiv zu erkennen, sollte man zuerst wissen, wie sich der vermeintliche Lügner gewöhnlich verhält. Also muss zunächst das normale Verhalten beobachtet werden, um im nächsten Schritt Abweichungen feststellen zu können. Genau das ist das Prinzip des Lügendetektors. Und wie Sie sehen werden, lässt sich dieses Prinzip auch im Alltag nutzbar machen, ohne dass man stets einen klobigen Kasten mit etlichen Sensoren und Kabeln mit sich führen müsste.

Das Prinzip des Lügendetektors

Stellen Sie sich vor, es gäbe einen echten, perfekten Lügendetektor: Bei Einstellungsgesprächen könnte man innerhalb von Minuten erfahren, ob der Kandidat ehrlich, loyal und zuverlässig ist. Beim geringsten Verdacht auf Untreue würde man mit seinem Mann oder seiner Frau zum nächsten Lügendetektorkiosk gehen – natürlich stünde an jeder Ecke einer zur Verfügung – und hätte Klarheit. Vor Gericht würde die Beweisaufnahme nur wenige Minuten dauern; ja, man würde jeden Bürger einfach alljährlich fragen, ob er gegen das Gesetz verstoßen hätte. Journalisten würden Mini-Lügendetektoren bei sich tragen, um in Sekundenschnelle festzustellen, ob der Interviewte schwindelt. Beim nächsten Kanzlerduell würde der Fernsehsender (oder jedenfalls YouTube) den Wahrheitsgehalt eines jeden Wahlversprechens in Echtzeit einblenden.

Dieses Zeitalter der Wahrheit ist noch nicht angebrochen, der Weg dorthin scheint aber gebahnt. Der Lügendetektor (Polygraph) ist allerdings kein Wunderding, das Lügen intuitiv erkennt – er misst lediglich körperliche Symptome. In der Regel werden am Körper des vermeintlichen Lügners Sensoren angebracht, um Veränderungen des vegetativen Nervensystems zu erkennen: Eine Manschette um den Arm, die Puls sowie Blutdruck misst, eine an der Brust und eine am Bauch, um die Atemfrequenz mitzuverfolgen, und Metallelektroden am Finger, die den Wandel des Hautwiderstands durch Schwitzen erfassen.[1]

Das Gerät ist mitnichten neu: Der Lügendetektor wurde schon im Jahre 1902 von James Mackenzie erfunden und neunzehn Jahre später vom Medizinstudenten John Larson erstmals praktisch umgesetzt. Seit 1921 hat sich das Gerät – abgesehen von einer kompakteren Bauform und einer digitalen statt analogen Anzeige – kaum verändert.

Der klassische Lügendetektortest, die »Kontrollfragenmethode« (*relevant-irrelevant test*), wurde bereits 1917 vom Harvardstudenten William Moulton Marston entwickelt (der später unter dem Pseudonym Charles Moulton übrigens die Comicheldin Wonder Woman erschuf, deren Zauberlasso die Geschnappten zwang, die Wahrheit zu sprechen). Dieser Test ist noch immer weit verbreitet. Bei der Kontrollfragenmethode stellt man dem Befragten zunächst ganz unverfängliche Fragen, etwa nach der Uhrzeit oder seinem Namen. Zugleich wird die körperliche Reaktion auf diese Fragen – auf die das »Opfer« wohl nichts als die Wahrheit antworten wird – gemessen. Dieses Normalverhalten nennt man im Fachjargon »Baseline«. Danach konfrontiert man den Befragten mit einer kritischen Frage, auf die er wahrscheinlich mit einer Lüge reagieren wird, zum Beispiel »Haben Sie das Geld gestohlen?«. Treten nun körperliche Veränderungen auf, also Abweichungen von der Baseline, werden sie als Hinweis auf eine Lüge gedeutet.

Eine Variation dieser Methode rollt die Sache von der anderen Seite auf: Hier will man noch vor den entscheidenden Fragen wissen, welche körperlichen Symptome der Befragte beim Lügen zeigt.[2] Also fragt man beispielsweise zunächst ganz harmlos: »Haben Sie vor Ihrem achtzehnten Lebens-

jahr je etwas an sich genommen, das Ihnen nicht gehörte?«
Wie man weiß, hat so gut wie jeder als Kind mal eine Kleinigkeit stibitzt; doch der Befragte, der möglicherweise denkt, dass es hier um eine Art Persönlichkeitstest geht, wird wahrscheinlich lügen – also mit »Nein« antworten. Zugleich wird gemessen, wie sein Körper bei der Lüge reagiert. Tauchen dann bei den kritischen Fragen die gleichen Signale auf wie bei der »kleinen« Lüge am Anfang, liegt es nahe, dass auch hier gelogen wird.

Doch wie auch immer man vorgeht: Bei jeder Methode muss erst einmal die Baseline gemessen werden.

Die Baseline

Um Verhaltensunterschiede beim Lügen feststellen zu können, muss man zuerst wissen, wie sich der Gesprächspartner verhält, wenn er nicht lügt.[3] Pokerspieler studieren die Baseline ihrer Gegner oft monatelang anhand von Videoaufzeichnungen, um herauszufinden, wann ihre künftigen Turniergegner »ehrlich« spielen und wann sie bluffen. Aber wie macht man das, wenn einem keine Videos zur Verfügung stehen? Ganz einfach: Man unterhält sich. Je mehr man vorab mit dem anderen spricht, desto besser kann man die Baseline seines Gegenübers definieren.

Genauso läuft es auch bei den Verhörprofis: Um das normale Gesprächsverhalten des Verdächtigen kennenzulernen, plaudern Ermittler bei Verhören zuerst mit ihm. Einen Verdächtigen im Guten gesprächig zu machen, lässt ihn auch dann redseliger sein, wenn es um das entscheidende Thema geht. Menschen hören nicht auf zu reden, wenn sie einmal damit begonnen haben. Vor allem sprechen sie gerne von ihrer eigenen Person – begeistert beantworten sie alle möglichen Fragen zu ihren Interessen, Tätigkeiten und Erfolgen. Indem Sie gezielt Interesse an Ihrem Gegenüber signalisieren, bringen Sie den anderen also am leichtesten zum Reden. Mit Bekannten kommt man besonders schnell ins Gespräch, aber auch Fremde – etwa Geschäftspartner – sind einer entsprechenden Plauderei meist nicht abgeneigt.

Kontrollfragen

Aber wir wollen ja nicht, dass der andere einfach irgendwas redet. Nein, zunächst ist uns daran gelegen, dass er die Wahrheit sagt, damit wir feststellen können, wie er sich dabei verhält. Stellen Sie also beim Plaudern Fragen, bei denen eine Lüge praktisch ausgeschlossen ist oder bei denen Sie die Antworten bereits kennen – sogenannte »Kontrollfragen«. Sie können sich nach den Bildern an der Wand erkundigen (ein sehr ergiebiges Thema), nach Hobbys, Lieblingsmusik oder -büchern. Beobachten Sie dabei genau, wie sich Ihr Gegenüber verhält, wenn es ehrlich ist.

Vielleicht kennen Sie den vermeintlichen Lügner schon? In diesem Fall können Sie sich in Erinnerung rufen, wie er sich in einem normalen, höchstwahrscheinlich ehrlichen Gespräch verhält. Doch Vorsicht: Gerade in der Vertrautheit liegt eine Gefahr!

Vorsicht bei Nahestehenden

Bei Nahestehenden kennt man die Baseline schon. Eigentlich müsste es daher sofort auffallen, wenn sich ein Mensch, den man gut kennt, plötzlich abweichend verhält. Warum fällt es dann auch bei Nahestehenden so schwer, Lügen zu entlarven? Vor allem wegen des Vertrauensvorschusses, den sie genießen – Menschen, die man mag, glaubt man einfach gerne. Dieses Vertrauen ist schön, aber es macht uns anfällig für Lügen.

Noch anfälliger macht uns der typische Irrglaube, den Freund oder die Verwandten im Fall des Falles jederzeit mühelos durchschauen zu können. Ein solch übersteigertes Selbstvertrauen führt zu noch mehr Fehlern – zumal gerade Nahestehende mit der Zeit individuelle Strategien entwickeln, um sich gegenseitig zu täuschen.

Dass man bei Nahestehenden die Baseline kennt, ist nur dann von Vorteil, wenn man vertrauten Gesichtern genauso misstrauisch begegnet wie völlig fremden. Damit es dazu kommt, muss man aber meist erst große Enttäuschungen erleben. Die Frau eines ertappten Fremdgehers registriert verändertes Verhalten sehr genau, der Vertrauensvorschuss ist dahin – und die Entlarvungsrate gleich deutlich höher.

So wenig wünschenswert eine solche Situation ist – ein echter Vorteil ergibt sich vor allem dann, wenn sich ein Nahestehender als unzuverlässig entpuppt hat. Denn in diesem Fall kennen wir die Baseline, lassen uns aber nicht mehr von einem Vertrauensvorschuss einwickeln.

Den Lügendetektor überlisten

Floyd »Buzz« Fay saß jahrelang im Gefängnis – für einen Mord, den er nicht begangen hatte. Ein Lügendetektortest war fälschlicherweise zu dem Ergebnis gekommen, dass sein Leugnen gelogen war. Fay schwor Rache – und mauserte sich in der Haft zum Experten für Lügendetektoren. Dabei half ihm der Psychologe David Lykken, der die gängigen Lügendetektortests ablehnte. Er schickte Fay Briefe, in denen er ihm Techniken schilderte, um den Lügendetektor auszutricksen. Für Fay selbst kam diese Hilfe etwas spät, aber er konnte sein neu gewonnenes Wissen immerhin an 27 Mitgefangene weitergeben.

Seine Strategie bestand darin, die Baseline so zu verzerren, dass die Befragten schon während der Testfragen angespannt waren, damit das Normalverhalten nicht korrekt gemessen werden konnte. Diese falsche Anspannung ließ sich auf unterschiedlichste Weise erzeugen, etwa indem die Getesteten an eine furchteinflößende Erfahrung dachten oder langsam rückwärts von sieben bis eins zählten. Auch durch minimalen körperlichen Einsatz kann die Baseline verfälscht werden: Es reicht schon, den Schließmuskel anzuspannen, sich auf die Zunge zu beißen oder die Zehen auf den Boden zu drücken.[4] Andere Techniken, wie sie ungeschulte Verhörte oft versuchen – etwa das Anspannen des Bizeps oder lautes Husten –, funktionieren dagegen nicht.

Werden diese Techniken während der Kontrollfragen angewandt, stehen die Chancen gut, den Lügendetektor zu überlisten. Nach nur zwanzigminütigem Training schafften es 23 von Fays 27 »Schülern« (also 85 %!), den Lügendetektor zu täuschen.

Nicht nur Häftlinge, sondern auch Spione werden darin ausgebildet, Lügendetektoren in die Irre zu führen. Der CIA-Agent Aldrich Ames verkaufte jahrelang sensible Informationen an den KGB. Und das, obwohl er von der CIA regelmäßig Lügendetektortests unterzogen wurde – die er allesamt bestand. Angeblich hatten ihm seine KGB-Kollegen lediglich empfohlen, bei den Tests »entspannt« zu sein. Er verzerrte also nicht die Baseline, sondern minimierte die Veränderungen beim Lügen – was deutlich schwieriger ist.

Diese Beispiele und eine Reihe von Untersuchungen haben gezeigt, dass man den Lügendetektor durchaus überlisten kann – vor allem bei einfachen Relevant-irrelevant-Tests.

Übrigens kam der Unschuldige Floyd »Buzz« Fay schließlich frei – nachdem ein DNA-Test bewiesen hatte, dass nicht er, sondern der Lügendetektor gelogen hatte.

Lügen provozieren

Wir haben unser Gegenüber also zum Reden gebracht und über harmlose Fragen ermittelt, wie es sich bei ehrlichen Aussagen verhält. Was ist der nächste Schritt? Eine Möglichkeit bietet die zweite Variante des Lügendetektortests, der oben beschrieben wurde: Provozieren Sie Lügen, um das Verhalten bei Unehrlichkeit zu beobachten.

Angenommen, Sie wollen sich einen neuen MP3-Player kaufen. Also gehen Sie ins Fachgeschäft und sagen zum Verkäufer: »Ich habe gelesen, dass dieser MP3-Player vor einem Monat Testsieger bei Stiftung Warentest war.« – obwohl Sie genau wissen, dass der Player nur auf dem zweiten, dritten oder gar siebten Platz landete. Achten Sie nun auf die Reaktion des Verkäufers: Wenn er diese Aussage vorbehaltlos bejaht, wissen Sie zum einen, dass er unehrlich ist; zum anderen wissen Sie, wie er sich beim Lügen verhält: Lächelt er, wird er betont ernst, zappelt er herum oder stellt er sich stocksteif hin? Je genauer Sie beobachten, desto mehr Symptome können Sie ermitteln, auf die Sie im folgenden Gespräch gezielt achten sollten.

Zwei Bedingungen muss Ihre Testfrage erfüllen: Sie muss plausibel klingen, und Sie müssen absolut sicher sein, dass sie unwahr ist. (Ob Sie lügen wollen, um vermeintliche Lügen zu entlarven, bleibt Ihnen überlassen.)

Veränderungen der Baseline

Rosi und ihr Mann Karlheinz gönnen sich gerade einen Eierlikör im Schokobecher und sprechen über den anstehenden Kegelausflug. Da fragt Rosi, wie der letzte Stammtischabend in Karlheinzens Stammpinte war. Nun spricht er lauter, setzt sich aufrechter hin, lächelt anders. Sobald das Thema gewechselt wird, ist er wieder ganz der Alte. Adelheid hat wohl wieder mal ein Gastspiel im ansonsten so beschaulichen Leben von Karlheinz und Rosi gegeben.

Wenn man die Baseline beobachtet hat, ist der nächste Schritt, über das kritische Thema zu sprechen und dabei auf Abweichungen vom normalen Verhalten zu achten. Diese Veränderungen können auf drei Arten erfolgen:

- Es taucht ein neues Verhalten auf, das vorher nicht zu beobachten war. (Karlheinz spricht lauter.)
- Ein zuvor sichtbares Verhalten verschwindet. (Seine Arme liegen nicht mehr auf den Schonbezügen der Lehnen.)
- Ein zuvor sichtbares Verhalten verändert sich. (Er lächelt anders durch seinen Schnurrbart.)

Cluster

Dabei sagt eine einzige Veränderung nicht viel aus: Ein einziges Verhaltensmerkmal kann sich immer mal ändern – etwa weil die bisherige Sitzposition unbequem geworden ist. Daher ist es wichtig, nach einer Reihe – sogenannten »Clustern« – von Veränderungen Ausschau zu halten: Je mehr solcher Abweichungen von der Baseline auftreten, desto wahrscheinlicher ist die Täuschung.[5]

Dabei ist es nebensächlich, ob die Abweichungen stimmlicher, körperlicher oder inhaltlicher Natur sind – wichtig ist, dass sie geballt vorkommen. Verändert sich der Gesichtsausdruck, die Körpersprache? Spricht Ihr Gesprächspartner plötzlich lauter, leiser, schneller oder langsamer? Wenn man genau hinschaut, sind auch geübte Lügner meist keine perfekten Schauspieler. Karlheinz verrät sich gleich durch mehrere Auffälligkeiten – weshalb Rosi wohl davon ausgehen kann, dass er sie anschwindelt.

Veränderungen richtig deuten

Natürlich will man niemanden zu Unrecht einer Lüge bezichtigen. Deshalb ist es besonders wichtig, sicherzugehen, dass auch tatsächlich eine Lüge hinter den Abweichungen von der Baseline steckt – zumal viele andere Gründe denkbar sind. So kann sich das Verhalten innerhalb eines Gesprächs – und zwar das gesamte Verhalten, und nicht nur ein einziges Merkmal – auch themenunabhängig ändern, zum Beispiel wegen Müdigkeit oder anderer körperlicher Bedürfnisse des vermeintlichen Lügners.[6] Wenn der Gesprächspartner plötzlich auf dem Stuhl hin und her rutscht, wenn sein Blick von jetzt auf gleich ständig in die Ferne irrt – dann muss der Arme vielleicht einfach nur auf die Toilette.

Welche Möglichkeiten gibt es, solche weniger verwerflichen Gründe auszuschließen? Zunächst sollte so wenig Zeit wie möglich zwischen dem Beobachten des Normalverhaltens, also dem Stellen der Kontrollfragen, und der Feststellung der Veränderungen liegen – schon um reine Zeitfaktoren wie Müdigkeit auszuschließen. Außerdem sollten Sie immer wieder aus heiterem Himmel das Thema wechseln. Sind die Veränderungen nun verschwunden? Und treten sie wieder ein, sobald Sie abermals auf das problematische Thema zu sprechen kommen? Ist das der Fall, können Sie wahrscheinlich von einer Lüge ausgehen.

Doch gerade der letzte Schritt – das kritische Thema anzusprechen – kann zu einer Verfälschung des Ergebnisses führen. Denn wenn es sich dabei nicht um ein neutrales, sondern um ein emotionales oder gar peinliches Thema handelt, reagiert der Gesprächspartner eventuell in jedem Fall besonders stark darauf – also selbst wenn er nicht lügt.[7] Sollten Karlheinz seine regelmäßigen Stammtischbesuche ganz einfach peinlich sein – eventuell, weil er dabei jedes Mal zu tief ins Glas schaut –, wäre es ganz normal, dass er nervös reagiert, als Rosi davon anfängt.

Die entscheidende Frage lautet also: Wie schneidet man das schwierige Thema an? Wie begegnet man dem vermeintlichen Lügner? Sollte man ihn offen beschuldigen oder nicht?

Der Othello-Fehler

Die Gefahr, äußerliche Signale fälschlicherweise als Anzeichen einer Lüge zu deuten, hat Paul Ekman mit dem Stichwort Othello-Fehler charakterisiert: In Shakespeares Drama *Othello* vermutet der Mohr von Venedig zu Unrecht, dass ihn seine Desdemona mit Cassio betrügt. Desdemona möchte, dass er Cassio anhört – doch Othello teilt ihr mit, dass er ihn bereits getötet habe. Sofort bricht Desdemona in Tränen aus, weil sie nun ihre Unschuld nicht mehr beweisen kann. Othello aber deutet ihre Reaktion als Beweis dafür, dass sie ihn belogen hat und in Wahrheit Cassio liebt – womit er völlig danebenliegt.

Da solche Fehleinschätzungen nicht nur auf der Bühne tragische Konsequenzen haben können, gilt es, sie auch im Alltag möglichst zu vermeiden.

Den kritischen Punkt ansprechen

Viele Polizeiratgeber empfehlen, den Verdächtigen vor dem Verhör geradeheraus mit sämtlichen Vermutungen und Anschuldigungen zu konfrontieren: »Wir haben Ihre Fingerabdrücke im Wagen gefunden!«[8] Damit soll der Beschuldigte in die Ecke gedrängt werden. Tatsächlich aber ist das die falsche Methode, denn offen vorgebrachte Beschuldigungen führen zwangsläufig zu Verhaltensänderungen. Plaudert man erst locker über Unverfängliches wie Opern oder Kinofilme, um den Verdächtigen in Sicherheit zu wiegen und nebenbei die Baseline zu ermitteln, und fragt dann urplötzlich, ob er nicht vielleicht seine Frau erdrosselt habe, kann ein verändertes Verhalten kaum überraschen. Wenn man beschuldigt wird, etwas Verbotenes getan zu haben, ist es völlig normal, heftig zu reagieren, ganz egal, ob man schuldig ist oder nicht. Hier zeigt auch der Unschuldige kein alltägliches Verhalten – schließlich ist kaum etwas schlimmer, als zu Unrecht verdächtigt zu werden.

Damit ist ein Hauptgrund benannt, weshalb die klassische Lügendetektor-Fragetechnik sehr umstritten ist: Das veränderte Verhalten des Unschuldigen wird viel zu leicht mit dem des Schuldigen verwechselt.[9] Man darf die ehrliche Entrüstung eines aufrichtigen Menschen nicht für das Schauspiel eines Lügners halten. Doch wie umschiffen Sie diese Untiefe? Indem Sie das Prinzip des Tatwissenstests anwenden.

Neurolinguistisches Programmieren und Wahrheit

Neurolinguistisches Programmieren (NLP) ist ein Sammelsurium verschiedenster Techniken, die ursprünglich zu Therapiezwecken zusammengestellt wurden, mittlerweile aber in den unterschiedlichsten Bereichen verwendet werden. Laut NLP kann man eine Lüge erkennen, indem man die Blickrichtung des vermeintlichen Lügners beobachtet:[10] Entsprechend der Gehirnhälften, so die Theorie, schauen Menschen in die eine Richtung, wenn sie sich an etwas erinnern, und in die andere, wenn sie kreativ tätig sind. Ehrliche erinnern sich, Lügner dagegen müssen kreativ sein – Lügen ist schließlich eine kreative Tätigkeit.

Abgesehen davon, dass sich Lügner häufig vorher eine Lüge zurechtlegen, an die sie sich dann erinnern müssen, gibt es noch ein weiteres gravierendes Problem mit dieser NLP-Theorie: Sie hält der wissenschaftlichen Überprüfung nicht stand. Die Psychologen Aldert Vrij und Shara Lochun unterzogen sie einem Test und fanden heraus, dass sie schlicht falsche Ergebnisse liefert – ein Zusammenhang zwischen Blickrichtung und Gedankengang existiert nicht.

Für den Alltag aber bietet die NLP-Theorie ein Fünkchen Wahrheit, denn auch hier geht es um Veränderungen des Normalverhaltens. Völlig egal, ob der Lügner nun nach rechts oben oder links unten schaut, sollte man auf Änderungen seiner Blickrichtung achten. Guckt er beim wahrheitsgemäßen Beantworten der Kontrollfragen stets nach links, bei der kritischen Frage aber nach rechts, liegt zweifellos eine Abweichung von der Baseline und damit ein Indiz für eine Lüge vor.

Der Verhörexperte Jef Nance berichtet, wie ein Ermittler diese Technik oft und äußerst erfolgreich anwandte: Er sah dem Verdächtigen in die Augen und stellte verschiedene Kontrollfragen, bis er zum entscheidenden Punkt kam: »Wie viel Kilo Heroin haben Sie in dem Hotelzimmer gekauft?« Plötzlich schaute der Befragte in die andere Richtung. Genau in diesem Moment klinkte sich der Ermittler in den Gedankengang ein, der da offensichtlich ablief, und sagte etwa: »Erinnern Sie sich!« oder »Halt! Belügen Sie mich nicht!« Die Erfolgsquote dieses Ermittlers soll Berichten zufolge atemberaubend hoch gewesen sein. Zahlreiche Verhörte waren völlig verblüfft und fragten sich gar, ob er ihre Gedanken lesen könnte.

Mit den Gehirnhälften hatte dieser schöne Ermittlungserfolg nichts zu tun – wohl aber mit einer Abweichung von der Baseline.

Tatwissenstest

Der Tatwissenstest (*guilty knowledge test* oder auch *concealed information test*) ist der effektivste Test, den man mit dem Lügendetektor durchführen kann. Er wurde vom US-Psychologen David Lykken entwickelt. Der Grundgedanke ist einfach: Der Schuldige weiß mehr über die Tat als der Unschuldige, eben weil er *dabei* war.

In der Praxis wird der vermeintliche Lügner zu einer Reihe von Details über seine angebliche Tat befragt, wobei die Fragen zu diesen Details jeweils mehrere Varianten anbieten. Zum Beispiel: »Wie viel Geld haben Sie gestohlen? Hundert Euro? Dreihundert Euro? Fünfhundert Euro?« Ist der arme Beschuldigte wirklich kein Dieb, wird er jedes Mal mit »Nein« antworten – und damit stets die Wahrheit sprechen. In diesem Fall sollte bei den einzelnen Antworten kein Verhaltensunterschied festzustellen sein. Wenn er aber dreihundert Euro gestohlen hat, wird bei dieser einen Frage eine Abweichung auftreten – vielleicht klopft sein Herz, möglicherweise zuckt er zusammen. Diese Abweichung, die nur bei den korrekten Details zu beobachten ist, verrät den Täter.

Ob dabei nach Geldbeträgen, der Farbe des Fluchtautos oder der Anzahl der Komplizen gefragt wird, ist unerheblich. Entscheidend ist nur, dass es sich um ein einziges Detail handelt, das man leicht variieren kann. Die Wahrscheinlichkeit, dass zufällig nur bei der einen korrekten Variante Auffälligkeiten registriert werden, fällt verschwindend gering aus.

Besonders in Japan ist der Tatwissenstest beliebt: Der japanische Forensiker Makoto Nakayama berichtet von jährlich rund fünftausend solcher Tests, die auch vor Gericht als Beweismittel zugelassen sind. (In Europa wird der Lügendetektor nur in Belgien vor Gericht anerkannt.) Der Grund für diesen Erfolg liegt auf der Hand: Fragt man nach sieben Details, die nur dem Täter und der Polizei bekannt sind, liegt die Chance, dass der Verdächtige per Zufall auf die richtigen Alternativen reagiert, bei 1:16.384. Kein anderer Lügendetektortest funktioniert auch nur annähernd so zuverlässig. Allerdings muss es dafür Informationen geben, die nur dem Täter und der Polizei bekannt sind, damit nicht auch Unschuldige aufhorchen.

Erfreulicherweise kann diese phänomenale Methode auch im Alltag angewandt werden, und zwar ganz ohne technisches Gerät. Dafür können wir dem sogenannten Orientierungsreflex (*orienting reflex*) danken: In den zwanziger Jahren fand der russische Mediziner und Physiologe Iwan Pawlow heraus, dass beim Menschen eine Reaktion eintritt, wenn er mit einem persönlich bedeutsamen Reiz konfrontiert wird – das heißt, mit einer Tatsache oder einem Detail, die ihm aus seinem eigenen Leben vertraut sind. Entsprechend reagieren die Verdächtigen beim Lügendetektortest auf Einzelheiten, über die sie nur zu gut Bescheid wissen.

»Orientierungsreflex« klingt abstrakt, doch man kann diesen Mechanismus jederzeit im Alltag beobachten. Ein Beispiel: Sie sind auf einer Party, um sie herum laufen zahllose Gespräche ab, es ist laut, Gläser klirren, Stimmen übertönen sich gegenseitig – doch sobald irgendwo in Hörweite Ihr Name fällt, hören Sie ihn sofort heraus, selbst wenn Sie gerade an einer anderen Unterhaltung teilnehmen. Diese erstaunliche Tatsache taufte der britische Psychologe Colin Cherry im Jahr 1953 auf den Namen »Cocktailparty-Phänomen«. Es ist ein Reflex, der uns auf das reagieren lässt, was uns am vertrautesten ist: auf unseren Namen. Die Reaktion mag bei jedem etwas anders ausfallen, aber wir weichen ausnahmslos von unserem vorherigen Verhalten ab.

Zum Entlarven von Lügen kann der Orientierungsreflex bewusst verwendet werden, indem man ihn zum Kern einer bestimmten Form der Frage macht, die ich »Reflexfrage« nennen möchte.

Das *Brain Fingerprinting* und P300-Gehirnwellen

Der US-amerikanische Neurowissenschaftler Lawrence Farwell entwickelte das *Brain Fingerprinting*, ein Verfahren, bei dem mittels EEG (Elektroenzephalogramm) eine Kombination verschiedener Gehirnwellen gemessen wird. Eine dieser Gehirnwellen trägt den Namen P300. Sie tritt auf, wenn man Informationen wiedererkennt – sprich, wenn der Orientierungsreflex einsetzt. Die Methode des *Brain Fingerprinting* registriert Veränderungen also nicht über körperliche Merkmale (wie der Lügendetektor), sondern über Gehirnwellen, was sie noch etwas zuverlässiger macht.

Seine Erfinder preisen das *Brain Fingerprinting* als völlig neuartiges Verfahren zum Entlarven von Lügen an. Das ist allerdings selbst gelogen beziehungsweise ein wenig hochgestapelt: Theorie und Fragestellung sind dieselben wie beim klassischen Lügendetektortest. Der einzige Unterschied besteht darin, dass Abweichungen von der Baseline anders und dadurch einen Tick genauer gemessen werden.

Der Preis für diesen minimalen Gewinn ist hoch: Um mit dem *Brain Fingerprinting* zu arbeiten, braucht man eine sehr teure und unpraktische Apparatur. Deshalb wenden Praktiker diese Methode kaum an.

Der Schlüssel: Reflexfragen

Was soll das sein, eine »Reflexfrage«? Reflexfragen werden auf ganz bestimmte Weise formuliert – und zwar so, dass der Ehrliche nichts in ihnen wiedererkennt, der Lügner aber sofort Einzelheiten seiner Tat heraushört und daraufhin sein Verhalten merklich ändert. Entscheidend ist, dass die Fragen wichtige Elemente der Tat enthalten, ohne gleich konkrete Vorwürfe zu erheben.[11]

Ein Beispiel: Im Büro ist mal wieder der Locher verschwunden. Sie verdächtigen einen bestimmten Kollegen, der schon einmal Büromaterial hat mitgehen lassen. Wollen Sie ihm mit Hilfe der Reflexfrage auf die Schliche kommen, schauen Sie an seinem Schreibtisch vorbei und fragen ganz naiv: »Sagen Sie mal, wann haben Sie den Locher eigentlich das letzte Mal gesehen?« Ist der Befragte unschuldig, wird er sich vielleicht über die seltsame Frage wundern. Haben Sie aber tatsächlich den Dieb ertappt, wird er sofort die Anschuldigung heraushören und sein Verhalten ändern – also von der Baseline abweichen.

Wie man sieht, eignet sich die Reflexfrage hervorragend für Fälle, in denen man bereits vermutet, dass jemand auf eine bestimmte Frage hin lügen wird – das Erkennen der Lüge wird dadurch deutlich einfacher. Anders als beim Tatwissenstest braucht man hier kein besonderes Detailwissen, sondern kann auch einen vagen Verdacht als Frage verpacken und die Reaktion beobachten. Allerdings muss man dabei manchmal selbst unehrlich sein, was für den einen oder anderen unangenehm ist.

Wenn man zum Beispiel einen Mitarbeiter verdächtigt, bezüglich seines Alkoholkonsums nicht ehrlich zu sein, könnte man folgendermaßen fragen: »Ich bräuchte mal Ihren Rat. Eine Kollegin von mir hat ein Problem mit einem ihrer Vertriebsleiter. Sie glaubt, dass er im Dienst trinkt. Wüssten Sie, was man da machen könnte?« Hat der Mitarbeiter eine weiße Weste, wird er einen ehrlichen Rat geben; handelt es sich aber um einen heimlichen Trinker, wird er sich ertappt fühlen und reagieren – er wird nervös oder aggressiv, er versucht einen verkrampften Scherz. Wie auch immer, wahrscheinlich wird er sich durch eine unnatürliche Reaktion verraten. Und wenn man genau beobachtet, wird man diese Abweichungen vom Normalverhalten registrieren.

Ein anderes Beispiel: Sie befürchten, dass es einen anderen Mann im Leben Ihrer Freundin gibt. Und letzten Abend hatte sie überraschend keine Zeit – ein heimliches Date? Am besten fragen Sie Ihre Freundin einfach mal, ob sie letzte Nacht gut geschlafen habe. Eine harmlose Frage, wie man sie ständig stellt; aber wer etwas zu verbergen hat, wird wahrscheinlich sonderbar darauf reagieren.

Übrigens können Sie die Reflexfrage sogar noch harmloser stellen – Sie können sie verallgemeinern und etwa mit einem »Ist es nicht verrückt, dass jemand glaubt ...« einleiten, um dann den Verdacht hinzuzufügen. Beispielsweise: »Ist es nicht verrückt, dass jemand glaubt, er könne sich monatelang auf Kosten seines Arbeitgebers bereichern, indem er kistenweise Büromaterial klaut?« Um eine solche Frage zu rechtfertigen, kann man immer noch auf ein Gerücht oder auf ein anderes Unternehmen verweisen, in dem es einen solchen Fall gegeben habe. Im Gegensatz zum Unschuldigen, der höchstens interessiert zuhört, wird der Lügner ein auffälliges Verhalten zeigen.

Letztendlich basiert die Technik der Reflexfrage auf demselben Grundprinzip wie alle Lügendetektortests: Man provoziert eine Abweichung vom Normalverhalten, durch die sich der Lügner verrät. Dabei hat die Reflexfrage zwei unschätzbare Vorteile: Erstens nutzt sie einen Mechanismus, der tief im Menschen verwurzelt ist – den Orientierungsreflex. Zweitens erlaubt sie es, kritische Fragen so zu verpacken, dass nur der Lügner einen Vorwurf heraushört.

Fazit

Die Lüge ist raffiniert: Sie verrät sich nicht durch ein eindeutiges, typisches Anzeichen, auf das man immer achten könnte. Doch eine Schwäche hat sie – die Veränderung des Verhaltens. Genau dort setzt der Lügendetektor an: Er spürt Veränderungen auf. Und das Beste daran ist, dass Sie diesen Schwachpunkt der Lüge auch ohne schweres Gerät ausnutzen können.

Dazu muss erst einmal die Baseline beobachtet werden: Wie sieht das Normalverhalten des vermeintlichen Lügners aus? Im nächsten Schritt werden etwaige Veränderungen festgestellt: Taucht ein neues Verhalten auf? Verschwindet ein vorheriges Verhalten? Oder verändert sich eine bestimmte Verhaltensweise? Dabei gilt: Je mehr Veränderung, desto wahrscheinlicher ist die Lüge. Um andere Gründe für die Abweichung von der Baseline auszuschließen, sollte man gezielt die Themen wechseln und genau beobachten, ob der Verdächtige nur bei den kritischen Punkten auffällig wird.

Umgekehrt vorzugehen ist ebenfalls sinnvoll. Wenn Sie eine Lüge provozieren, können Sie zweierlei beobachten: Einerseits ob der Gesprächspartner ohne Weiteres lügt, andererseits – und das ist der entscheidende Punkt – wie er sich bei einer Lüge verhält. Kommen Sie dann auf das eigentliche Thema zu sprechen, und er zeigt dasselbe Verhalten, geht es wahrscheinlich nicht mit rechten Dingen zu.

Doch es gibt ein grundsätzliches Problem: Man kann es keinem Menschen verübeln, wenn er auf Anschuldigungen stark reagiert. Deshalb ist es sehr schwer, die Verhaltensänderung des Lügners von der des Unschuldigen zu unterscheiden. Der Tatwissenstest mit dem Lügendetektor ist ein erster Hinweis darauf, wie man dieses Hindernis überwinden kann: In den Fragen wird Detailwissen versteckt, das nur der Schuldige wiedererkennt, weshalb auch nur er darauf reagiert.

Auf den Alltag übertragen sind Reflexfragen eine hervorragende Methode, um unauffällig Abweichungen von der Baseline zu provozieren: Man konfrontiert den vermeintlichen Lügner mit Aussagen und Fragen, die lediglich der tatsächlich Unehrliche als Anschuldigung begreift. So verändert sich nur das Verhalten des Lügners, das des Ehrlichen bleibt völlig gleich. Wie bei einem Rorschach-Test verrät die Reaktion auf ein vieldeutiges Bild so einiges über den inneren Zustand des Gegenübers.

Das erste Grundprinzip auf dem Weg zum besseren Entlarven von Lügen lautet also: Beobachten Sie Veränderungen! Sie werden überrascht sein, wie offensichtlich diese Veränderungen sind, wenn man einfach mal darauf achtet. Einer der größten Vorteile dieser Regel ist, dass man sie universell einsetzen kann – also auch im Gespräch mit Menschen aus anderen Kulturkreisen. Kulturelle Unterschiede in Gestik, Stimme und Körpersprache führen meist dazu, dass man Lügen von Angehörigen anderer Kulturkreise noch seltener enttarnt. Doch plötzliche Abweichungen vom vorherigen Verhalten kann man immer registrieren. Egal wo, wann oder gegenüber wem – passen Sie auf, ob sich Ihr Gesprächspartner auf einmal anders benimmt, und Sie sind auf dem richtigen Weg. Doch das ist noch lang nicht alles ...

Verhaltensänderung

Baseline beobachten:
- Durch unverfängliches Plaudern Verhalten bei Ehrlichkeit, eventuell auch bei Lügen definieren
- Vorsicht bei Nahestehenden! Baseline bekannt, aber zu große Selbstsicherheit und zu wenig Misstrauen

Veränderungen registrieren:
- Verhaltensweisen kommen hinzu, verschwinden oder verändern sich
- Möglichst mehrere Veränderungen feststellen
- Andere Gründe für die Verhaltensänderung ausschließen: kurze Zeitspanne zwischen Ermittlung der Baseline und Beobachtung von Veränderungen, zwischen Themen springen

Reflexfragen:
- Fragen stellen, die nur ein Lügner als Anschuldigung erkennt
- Reaktion genau beobachten

Der Mann, der den Eiffelturm verkaufte – von der Lust am Lügen

Paris, 1925: Im Konferenzsaal des vornehmen Hôtel de Crillon lauschen fünf Schrotthändler den Worten des Vizechefs der Baubehörde. Der Eiffelturm, 1889 für die Pariser Weltausstellung gebaut und auf eine Lebensdauer von höchstens zwanzig Jahren ausgelegt, roste vor sich hin, berichtet der Offizielle – eine Instandhaltung würde horrende Summen verschlingen. Daher schreibe die Stadt den Turm an Schrotthändler aus, die die 7000 Tonnen Stahl verwerten könnten.

Um keine öffentliche Debatte zu entfachen, werde um völlige Diskretion gebeten. Die Schrotthändler buhlen um den Zuschlag, der schließlich Monsieur André Poisson zufällt. Bei einem anschließenden Gespräch kommen ihm – angeregt von seiner Frau – dann doch Zweifel an der Seriosität des städtischen Beamten. Wird er halten, was er verspricht? Darauf angesprochen nimmt der Beamte Poisson zur Seite, lamentiert über die Abhängigkeit seiner Position von der Politik und darüber, wie kümmerlich sein Gehalt sei, das ihm ja noch nicht einmal erlaube, den Bedürfnissen seiner anspruchsvollen Gattin nachzukommen. Und all das, obwohl er über derartig hohe Summen zu entscheiden habe ... Poisson versteht und steckt ihm einen mit Scheinen gefüllten Umschlag zu. Nun ist er sich seiner Sache sicher: Ein korrupter Beamter muss echt sein.

Also transferiert Poisson den Kaufpreis auf das angegebene Konto und freut sich auf die lukrative Verwertung der einstigen Architektursensation – doch er bekommt nichts als eine gefälschte Urkunde. Der vermeintliche Beamte ist verschwunden, in der zuständigen Behörde weiß man von nichts. Poisson geht nicht zur Polizei, die Angelegenheit ist ihm zu peinlich.

Ein Trostpflaster: Er ist keinem Hühnerdieb, sondern einem der originellsten Hochstapler der Geschichte aufgesessen: »Graf« Viktor

Lustig, 1890 in Böhmen in eine gutbürgerliche Familie geboren, ist mit außergewöhnlicher Menschenkenntnis und parkettsicherem Auftreten gesegnet. Er betrügt sich quer durch Europa – erst als er den Eiffelturm ein zweites Mal verkaufen will und daraufhin angezeigt wird, flieht er in die USA. Dort verdient er sein Geld mit Falschspiel, vermeintlich sicheren Tipps für Pferdewetten und dem Verkauf angeblicher Gelddruckmaschinen. Sogar Gangsterkönig Al Capone bringt er um fünftausend Dollar. Im Jahre 1947 stirbt er im Hochsicherheitsgefängnis Alcatraz an einer Lungenentzündung, nachdem er aus anderen Haftanstalten erfolgreich ausgebrochen ist.

»In den Küssen welche Lüge!«

HEINRICH HEINE

II. Die drei Emotionen

So unterhaltsam Geschichten über Hochstapler auch sind, so tragisch verläuft meist deren reales Leben: Mit ihren großen Begabungen hätten sie problemlos ehrliche Karrieren einschlagen können (etwa als Politiker), statt ein Leben lang auf der Flucht zu sein und wahrscheinlich im Gefängnis zu enden. Es ist ein Phänomen: Außergewöhnlich intelligente Menschen leben eine Lüge, die früher oder später auffliegen muss.

Warum tun sie das? Warum begibt sich jemand in eine solche Gefahr – um der Lüge willen? Eine Antwort könnte lauten: weil es Spaß macht. Das Lügen wird also von einer bestimmten Emotion begleitet, der Freude an der Täuschung, die für berufsmäßige Hochstapler offenbar zur Sucht geworden ist.

Der Psychologe Paul Ekman hat in jahrzehntelanger Arbeit noch zwei andere Gefühle ermittelt, die die Lüge in der Regel mit sich bringt: die Angst, entlarvt zu werden, sowie Schuldgefühle. Um diese drei Emotionen – Angst, Schuld, Freude – geht es bei unserem nächsten Prinzip. Denn wenn man diese Gefühle versteht, begreift man, was im Inneren eines Lügners vorgeht.

1. Angst vor der Entlarvung

Schon der römische Senator und Historiker Tacitus wusste: »Angst passt nicht zur Wahrheit.« Und tatsächlich: Angst ist häufig die dominante Emotion beim Lügen. Dem Lügner droht zweierlei: Zum einen fürchtet er, dass die Lüge selbst herauskommt – dass ihm also nicht gelingt, zu verschleiern, was er verschleiern will. Zum anderen fürchtet er, dass er vor den anderen als Lügner dasteht – und damit Ansehen einbüßt.

Als ich einmal als Kind (erfolgreich) leugnete, eine Fensterscheibe unseres Urlaubshotels auf Gran Canaria mit der Zwille zertrümmert zu haben, fürchtete ich erstens die konkreten Folgen – würde ich die Scheibe am Ende von meinem kargen Taschengeld ersetzen müssen? – und zweitens die Strafe für die Lüge an sich – wie würden meine Eltern auf diese persönliche Enttäuschung reagieren? Natürlich hängt beides eng zusammen, aber genau genommen handelt es sich um zwei unterschiedliche Aspekte, die man sich beim Enttarnen von Lügen zunutze machen kann.

Die Angst vergrößern

Angst ist also ein gutes Indiz, wenn es darum geht, einen Lügner zu entlarven. Sie kann zu körperlicher Anspannung führen, etwa zu häufigerem Blinzeln. Auch sprachliche Anzeichen wie Pausen, Stottern, Wiederholungen oder eine höhere Stimmlage sind typische Signale für Angst. Man braucht derartige Indikatoren nicht auswendig zu lernen; wir wissen intuitiv, wann jemand Angst hat.

Entscheidend ist, sich bewusstzumachen, dass Menschen zumeist Angst haben, wenn sie lügen – die Anzeichen der

Angst zu erkennen, ist nicht besonders schwer. Wie so oft geht es darum, die Mechanismen der Lüge zu verinnerlichen. Mit diesem Grundverständnis gewappnet, werden Sie Lügen deutlich öfter entlarven.

Natürlich gibt es auch ungewöhnlich coole Menschen, die lügen können, ohne dabei große Angst zu empfinden. Doch selbst diese begnadeten Schwindler bekommen weiche Knie, wenn man die Angst gezielt verstärkt. Die erste Möglichkeit, dies zu bewerkstelligen, ist, dem Verdächtigen zu verdeutlichen, wie furchtbar man das Lügen an sich findet. Er muss begreifen, dass es für Sie nichts Schlimmeres gibt als die Lüge selbst. Damit verstärken Sie die Angst vor dem möglichen Imageschaden. Treten Sie entschieden genug auf, sieht Ihr Gegenüber die Lüge nicht mehr als kleinen Trick, um einer Strafe zu entgehen, sondern als verheerende Gefahr für sein Ansehen – und entscheidet sich eher für die Wahrheit.

Ein Beispiel: Ein schwieriges Beziehungsgespräch steht an. Sie sind überzeugt davon, dass Ihr Partner Ihnen verschweigt, wo er gestern wirklich gewesen ist, doch er leugnet beharrlich. Das Gespräch dreht sich im Kreis. An diesem Punkt können bestimmte Sätze Wunder wirken: »Ich möchte die Wahrheit von dir hören. Glaub mir, ich kann damit leben, aber nicht damit, dass du mich anlügst.« Oder: »Wenn du mir nicht die Wahrheit sagst, ist es aus. Wenn du ehrlich bist, tut es vielleicht weh, aber dann kann alles so sein wie vorher.« Vielleicht merkt Ihr Partner jetzt, dass er alles nur noch schlimmer macht, wenn er bei seiner Lüge bleibt. Und wenn nicht, verrät er sich durch verstärkte Anzeichen seiner Angst – was das Entlarven viel leichter macht.

Wenn in der Mongolei zehntausend Menschen in einem Erdloch verschwinden, hält der durchschnittliche Europäer das zwar für bedauerlich, lässt sich in seinem Wohlbefinden aber kaum stören. Nur Ereignisse, von denen man glaubt, dass sie das eigene Leben dauerhaft beeinträchtigen könnten, werden als Katastrophe empfunden – eine gefährliche Krankheit, eine schmerzliche Trennung. Ob das Leben am Ende wirklich derart stark beeinträchtigt wird, ist eine andere Frage. Hier geht es nur darum, was die Menschen für ein Desaster *halten*. Man muss den Gesprächspartner also glauben machen, dass gerade eine Lüge die denkbar schlimmsten Folgen hätte.

Vor allem bei Menschen, die fast instinktiv den Weg des geringsten Widerstands wählen, ist dieses Verteufeln der Lüge effektiv. Selbst wer lügt, ohne mit der Wimper zu zucken, lässt sich dadurch aus der Ruhe bringen.

Die zweite Möglichkeit, die Angst des Lügners zu verstärken, macht sich den anderen Aspekt der Angst beim Lügen zunutze: die Furcht vor den konkreten Konsequenzen einer unwahren Aussage. Diese Methode lässt sich besonders in weniger engen Beziehungen gut anwenden.

Wenn Ihnen zum Beispiel der Handwerker in Aussicht stellt, dass Ihr Gästezimmer bis zum kommenden Wochenende fertig renoviert sein wird, könnten Sie sagen: »Ein Glück. Genau dann kommen nämlich zwei Freunde aus Australien, die bei mir wohnen wollen. Wenn das Zimmer bis dahin nicht fertig gewesen wäre, hätte ich sie in einem Hotel einquartieren müssen. Und das bei diesen Zimmerpreisen: zweihundert Euro pro Nacht!« Sollte der Handwerker tatsächlich unehrlich kalkuliert haben, wird er sich nun dreimal überlegen, ob er seine Lüge aufrechterhält – und falls ja, wird zumindest seine Angst beträchtlich erhöht sein, sodass Sie eher wissen, woran Sie wirklich sind.

Vorsicht vor dem Othello-Fehler!

Doch hier lauert eine altbekannte Gefahr: die fehlerhafte Deutung tatsächlich auftretender Signale. Ehrliche Menschen, die zu Unrecht verdächtigt werden, verhalten sich eventuell genauso wie Lügner, die Angst vor der Entlarvung haben. Der Grund liegt auf der Hand: Beide fürchten negative Konsequenzen, falls ihnen nicht geglaubt wird.[1] Besonders, wenn empfindliche Strafen oder großer persönlicher Schmerz drohen, haben Menschen – ob ehrlich oder nicht – Angst davor, als Lügner bezeichnet zu werden.

Wie kann diese Schwierigkeit überwunden werden? Indem man die Angst des Lügners vergrößert und die Angst des Unschuldigen minimiert. Ziel ist es, dass nur der Lügner Angstsymptome zeigt, der Unschuldige aber nicht. Um herauszufinden, wie das geht, betrachten wir abermals die Techniken der Lügendetektortests.

Thermal Imaging

Beim *Thermal Imaging* handelt es sich um eine moderne Methode zum Enttarnen von Lügen, die von dem Informatikprofessor Ioannis Pavlidis entwickelt wurde. Sie basiert darauf, dass Lügner Angst haben – eigentlich nichts Neues. Doch das *Thermal Imaging* geht davon aus, dass diese Angst exakt messbar ist, indem man die Hauttemperatur um die Augen misst. Dazu ist keine ausgefeilte Fragetechnik notwendig, kein kompliziertes Beobachten – ein Blick aufs Thermometer soll genügen. Wegen dieser unglaublichen Effizienz wurde vorgeschlagen, diesen Test an Flughäfen anzuwenden, um Terroristen aufzuspüren.

So vielversprechend die Methode klingt, so sinnlos ist sie leider in der Praxis: Es gibt eine ganze Reihe von Gründen, weshalb einem um die Augen wärmer sein könnte. Vom Tragen einer schweren Brille abgesehen, könnte man aus den verschiedensten Gründen nervös sein – gerade an einem Flughafen: etwa weil man spät dran ist, weil schwierige Termine bevorstehen oder weil man einfach zu viel Gepäck zu schleppen hat. Ganz zu schweigen von der klassischen Angst des Ehrlichen – der Angst, zu Unrecht beschuldigt zu werden. Der US-amerikanische National Research Council bewertete das *Thermal Imaging* daher zu Recht als nutzlos.

Die Lügendetektor-Mystik

Roger Keith Coleman saß in der Todeszelle. Man warf ihm vor, seine Schwester vergewaltigt und ermordet zu haben. Bis zuletzt behauptete er, unschuldig zu sein. Zwölf Stunden vor seiner Hinrichtung ließ ihn der Gouverneur von Virginia einem Lügendetektortest unterziehen – Coleman fiel prompt durch und wurde wenig später auf dem elektrischen Stuhl hingerichtet.

Für alle, die Bescheid wissen, ist offensichtlich: Auch wenn er völlig unschuldig gewesen wäre, hätte Coleman den Test kaum bestehen können. Dass er am Tag seiner geplanten Hinrichtung in jedem Fall große Angst hatte, steht außer Frage. Und ein Lügendetektor ist nun mal nicht fähig, Lügen an sich zu erkennen; wie im letzten Kapitel erörtert, registriert er lediglich körperliche Veränderungen als Anzeichen von Emotionen, ohne deren Ursachen voneinander unterscheiden zu können. Also sitzt auch der Lügendetektor dem Othello-Fehler auf. Was tun?

Eine Möglichkeit, diese Fehlerquelle zu minimieren, kennen wir bereits: den Tatwissenstest. Es gibt aber noch eine weitere Methode, die ebenfalls im Alltag anwendbar ist.

Versuchen Sie einmal, sich den perfekten Lügendetektor vorzustellen: ein wahres Wunderding, das niemals falsch liegt, das jeden Lügner mit hundertprozentiger Sicherheit entlarvt, jeden Aufrichtigen mit hundertprozentiger Sicherheit entlastet. Müsste ein ehrlicher Mensch, der sich einem solchen Test unterzieht, denn noch Angst haben? Nein! Er könnte sich sogar auf den Test freuen, da nun ein für allemal klar werden würde, dass er die Wahrheit sagt.

Diese Vision eines perfekten Lügendetektors kann als Gegengift zum Othello-Fehler dienen: Man überzeugt den Verhörten vor dem Test davon, dass der Lügendetektor keinesfalls getäuscht werden kann. Glaubt er nun an das Märchen vom Wunderdetektor, wird sich die Angst des Lügners vergrößern, die Angst des Unschuldigen verschwinden.

Der Lügendetektor funktioniert genau dann, wenn der Befragte daran glaubt. Konkret kann man den Glauben an den perfekten Detektor durch Sätze wie diesen schüren, natürlich mit überzeugter Miene vorgetragen: »Dieses Gerät hat sich noch nie geirrt.« Wenn der Lügendetektor aufgebaut wird, sind die Befragten häufig allein schon von dem vielen technischen Gerät beeindruckt. Je moderner die Gerätschaft aussieht, desto eher glaubt der Verhörte, dass er sie nicht täuschen kann.[2] Wird der Apparat noch dazu von einem echten Experten im weißen Kittel bedient, wirkt der Test noch überzeugender.

Gerade bei versierten Lügnern bewähren sich solche Methoden: Wer sich für einen überragenden Schwindler hält und schon oft mit einer Lüge durchgekommen ist, wird immer selbstsicherer und zeigt in der Regel kaum noch Anzeichen von Angst. Um selbst solche Kandidaten einzuschüchtern, greifen die Experten sogar zu hinterlistigen Tricks: Sie lassen die Verhörten eine Spielkarte ziehen und erraten dann die richtige Karte, natürlich unter maßgeblicher Mithilfe des Lügendetektors. Tatsächlich aber handelt es sich um einen Kartentrick, mit dem einzigen Ziel, die Unfehlbarkeit des Geräts vorzugaukeln.

Oft ist das aber gar nicht nötig: Erstaunlich viele Menschen halten den Lügendetektor sowieso für unfehlbar, was als Lügendetektor-Mystik (*lie detection mystique*) bekannt und der Zuverlässigkeit des Tests durchaus zuträglich ist.

Ja, es kann sogar genügen, den Verdächtigen mit Drähten an einen eindrucksvollen Haufen Elektroschrott anzuschließen, um ihm weiszumachen, dass man jegliche Täuschung sofort bemerken würde. Diese von den Forschern Edward E. Jones und Harold Sigall entwickelte und mittlerweile klassische *Bogus-Pipeline-Technik* basiert allein darauf, dass die Befragten durch erhöhte Angst vor der Entlarvung leichter zu entlarven sind – falls sie sich beim Anblick von so viel Hochtechnologie nicht gleich für die Wahrheit entscheiden. Tatsächlich ist die Angst vor dem Lügendetektor (ob Schrotthaufen oder echt) bei manchen Menschen so ausgeprägt, dass die bloße Drohung mit einem Lügendetektortest zu einem Geständnis führt. Zahlreiche Psychologen sehen darin – also im Hervorbringen eines Geständnisses – den wichtigsten Grund für das Festhalten am Lügendetektor.

Vorfahren des Lügendetektors

»Ein Lügner reibt seinen großen Zeh am Boden und fröstelt; sein Gesicht ist bleich; er reibt seine Haarwurzel mit seinen Fingern und er versucht mit allen Mitteln, das Haus zu verlassen.« So steht es in den knapp dreitausend Jahre alten heiligen Veden des Hinduismus.

Aber auch im alten Indien verließ man sich nicht auf die reine Beobachtung von Äußerlichkeiten. Daneben praktizierte man bereits eine Art Lügendetektortest: Verdächtige mussten trockenen Reis kauen und dann ausspeien – war der Reis trocken oder gar mit Blut versetzt, wurden sie für schuldig erklärt.

Bei den Beduinen musste man an einer heißen Eisenstange lecken – war die Zunge verbrannt, hatte man den Schuldigen gefunden. In Zeiten der Inquisition zwang man Verdächtige, Brot und Käse zu schlucken – blieben sie in der Kehle stecken, stand die Verurteilung bevor.

So willkürlich diese frühen Tests auch erscheinen, so liegt ihnen doch stets der gleiche, grundsätzlich richtige Gedanke zugrunde: Verminderter Speichelfluss – aus Angst und Nervosität – ist eine typische Begleiterscheinung des Lügens, wie der moderne Forensiker Paul Trovillo bestätigte. Allerdings ist es mehr als wahrscheinlich, dass auch ein Unschuldiger, dem eine brutale Hinrichtung droht (der Fantasie waren hier keine Grenzen gesetzt), das ein oder andere Anzeichen von Angst zeigen könnte.

Anwendung im Alltag

Die Lügendetektor-Mystik ist vollständig auf den Alltag übertragbar, und zwar ganz ohne angebliche technische Wunderwaffen: Überzeugen Sie Ihren Gesprächspartner davon, dass Sie ein untrügliches Gespür für Lügen haben! Gelingt Ihnen dieser Schachzug, wird es der Lügner mit der Angst zu tun bekommen, während der Ehrliche erleichtert ist. Ist aber das Gegenteil der Fall – wenn Sie also den Ruf genießen, ein miserabler Menschenkenner zu sein –, wird die Angst des Lügners minimal, die Angst des Ehrlichen, zu Unrecht beschuldigt zu werden, maximal sein.

Aber wie soll das gehen? Warum sollten Ihnen die Leute abnehmen, dass keine Lüge vor Ihnen sicher ist? Die Antwort gibt der sogenannte *Expectancy-Effekt*: Menschen glauben erst einmal, was man ihnen sagt, und neigen dazu, Ihre Erwartungen unbewusst bestätigt zu sehen.[3] Wenn Sie jemandem sagen: »Ich durchschaue praktisch jede Lüge«, hat er vorerst keinen Grund, daran zu zweifeln.

Wenn meine Mutter mich als Kind wegen einer verschwundenen Tafel Schokolade oder – ein paar Jahre später – wegen einer Delle im Auto »verhörte«, sagte sie mir vorher immer klipp und klar, dass ich nicht versuchen sollte, sie anzulügen, da sie genau wisse, wann ich log. Diese simplen Worte überzeugten mich tatsächlich: Ich glaubte ihr. Wenn ich dann trotzdem log, war ich mir stets sicher, dass sie es bemerken würde – und verriet mich meist durch meine Angst.

Im Grunde handelt es sich um eine *Selffulfilling Prophecy*: Man glaubt, jemandem nichts vormachen zu können, und zeigt gerade deshalb unübersehbare Anzeichen der Angst – sodass man ihm tatsächlich nichts vormachen kann.

Zollbeamte, die ebenfalls ohne technische Hilfsmittel auskommen müssen, sind von Haus aus kaum bessere Lügen-Spürhunde als Laien. Dass sie beim Entdecken von Schmugglern dennoch überdurchschnittlich erfolgreich sind, liegt hauptsächlich an der Angst der Schmuggler vor den vermeintlichen Fähigkeiten der Zollbeamten. So verraten sie sich im Gespräch mit Zollbeamten durch typische Angstsymptome, die Nichtschmuggler eben nicht aufweisen, und werden genau deshalb entlarvt.[4]

Lassen Sie bei wichtigen Gesprächen also immer mal wieder einfließen, wie oft Sie schon einer Lüge auf die Schliche gekommen sind. Vor einer Unterredung, bei der Ihr Gegenüber unehrlich sein könnte (bei Bewerbungsgesprächen, Klärungsgesprächen mit Mitarbeitern oder Ihrem Partner), können Sie im lockeren Plauderton erzählen, dass Sie sich gerade sehr für Psychologie interessieren und sich eingehend mit dem faszinierenden Thema der Lüge befasst haben. Um dies zu untermauern, bietet es sich an, dieses wundervolle Buch gleich nach der Lektüre gut sichtbar auf dem Schreibtisch oder im Regal zu platzieren – schon wird man Ihnen besondere Fähigkeiten im Entlarven von Lügen zuschreiben. Die meisten Menschen werden wohl gleich darauf verzichten, Ihnen mit einer Schwindelei zu kommen. Sollte man Sie dennoch belügen, wird der Lügner viel größere Angst vor der Entlarvung haben und Angstsymptome zeigen, die Sie nicht übersehen können.

Aber eines dürfen Sie nicht vergessen: Die Selbstsicherheit, die Sie so ausgiebig demonstrieren, darf niemals in echte Selbstgefälligkeit ausarten. Sie müssen sich immer darüber im Klaren sein, wie heikel das Entlarven von Lügen wirklich ist – denn wer glaubt, sowieso alles zu wissen, fällt auf alles herein. Nur darf natürlich niemand von Ihrer geheimen Bescheidenheit wissen.

Es kostet den ein oder anderen vielleicht etwas Überwindung, ein solch hohes Selbstvertrauen im Entttarnen von Lügen zu demonstrieren. Natürlich, die Gefahr des Scheiterns besteht beim Entlarven immer; aber indem Sie sich als perfekten menschlichen Lügendetektor darstellen, verringern Sie genau diese Gefahr entscheidend.

2. Schuldgefühle

Für den Königsberger Moralphilosophen Immanuel Kant war die Lüge »der eigentliche faule Fleck in der menschlichen Natur«. Anders als Psychopathen verfügen psychisch gesunde Menschen über ein moralisches Bewusstsein und wissen daher, dass es verwerflich ist, zu lügen: Sie werden beim Lügen von Schuldgefühlen geplagt, der eine mehr, der andere weniger – und manchmal sieht man es ihnen an. Obwohl diese Anzeichen bei Männern und Frauen die gleichen sind, treten sie bei Frauen noch stärker auf: Die weibliche Moral ist in dieser Hinsicht einfach ausgeprägter – noch ein kleiner Unterschied.[5]

Auch hier lautet unsere Strategie, diese Emotion beim Lügner zu beobachten und zu vergrößern.

Schuldgefühle verstärken

Je höher der »Einsatz«, desto stärker die Schuldgefühle.[6] Wenn man im Supermarkt einen Großeinkauf für die erweiterte Patchworkfamilie tätigt und an der Kasse eine Packung Tic Tac unter ein Rewe-Informiert-Blättchen schlüpft, wird das Schuldgefühl geringer sein, als wenn man die billigste Tageszeitung kauft und darin behände die Jubiläums-DVD-Box von *Der Pate* verbirgt. Machen wir unserem Gesprächspartner klar, was alles auf dem Spiel steht – wie hoch also der Einsatz ist –, wird er beim Lügen stärkere Schuldgefühle empfinden. Einfache Sätze genügen: »Du weißt, Ehrlichkeit bedeutet mir alles.« Die konkreten Techniken, dies zu erreichen, ähneln den Techniken zur Erhöhung der Angst – tatsächlich nehmen Angst und Schuldgefühle meist parallel zu.

Schuldgefühle beim Lügen sind auch dann besonders stark, wenn der Lügner dem Belogenen nahesteht, wenn er ihn mag und respektiert. Daher ist es sinnvoll, gegebenenfalls auf die nahe Beziehung zum Verdächtigen aufmerksam zu machen, um dessen Schuldgefühle zu intensivieren: »Wir arbeiten jetzt schon fünf Jahre eng zusammen, und ich vertraue dir mittlerweile absolut.«

»Hochstapler«, die keine sind

Man kennt die glanzvollen Hochstapler, die sich bewusst durchs Leben schwindeln. Doch es gibt auch den umgekehrten Fall: das sogenannte Impostor-Syndrom. Manche Menschen halten sich zu Unrecht für Lügner und Betrüger – und zwar insbesondere Menschen, die außergewöhnlich erfolgreich sind. Sie befürchten häufig, ihre Umwelt könnte erfahren, dass sie überhaupt keine besonderen Fähigkeiten besitzen.[7] Ihren Erfolg schreiben sie nicht ihrer eigenen Kompetenz zu, sondern Faktoren wie Glück, Attraktivität oder auch ihrer übersteigerten Arbeitswut. Als besonders talentiert würden sie sich nicht beschreiben, weshalb sie sich insgeheim als Hochstapler betrachten und von Schuldgefühlen geplagt werden. Dieses Phänomen reicht von Abteilungsleitern und Vorständen bis hin zu internationalen Stars.

Das Impostor-Syndrom kann dazu führen, dass solche Menschen keinerlei Nähe zulassen, um sich nicht zu »verraten«. So vereinsamen sie immer mehr – was erklärt, weshalb viele Stars ein einsames Dasein fristen.

Schuldgefühle beobachten

Zwischen Angst und Schuldgefühlen gibt es einen entscheidenden Unterschied: Angst ist leichter zu erkennen. Zwar weiß wohl jeder von uns, wie sich ein Schuldgefühl anfühlt – aber wie es aussieht, ist nicht so leicht auf den Punkt zu bringen. Wie soll man also entschlüsseln, ob der Gesprächspartner innerlich gerade schwere moralische Konflikte austrägt? Glücklicherweise existieren besondere Anzeichen, die für Schuldgefühle typisch sind. Wenn Ihnen diese Anzeichen auffallen, obwohl es eigentlich keine Veranlassung für ein solches Benehmen Ihres Gegenübers gibt, haben Sie ein starkes Indiz für die Lüge gefunden.

Beobachten Sie dazu exakt das Gesicht und das Verhalten Ihres Gesprächspartners. Schuldgefühle, fand Paul Ekman bei seinen Studien über Gesichtsausdrücke heraus, bringen ähnliche Gesichtszüge und Verhaltensweisen mit sich wie Traurigkeit. Wenn der vermeintliche Lügner traurig scheint, ohne dass es einen Grund dafür gäbe, lügt er wahrscheinlich. Die geknickte Körperhaltung, die angespannten Augenbrauen – fast als ob man weint – sind nicht nur typische Begleiterscheinungen der Traurigkeit, sondern auch des Schuldgefühls, und weisen daher auf eine Lüge hin.

Ein weiteres Hauptmerkmal des Schuldgefühls ist die sogenannte »Entpersonalisierung« – man distanziert sich von sich selbst, weil man sich von der Lüge distanzieren will.[8] Ehrliche sprechen von sich in der ersten Person: »Ich habe den Wagen repariert.« oder »Wir haben die Arbeit gemeinsam gemacht.« Auch wenn sie etwas leugnen, tun sie das meist in der ersten Person – sie beginnen Aussagen etwa mit »Ich habe nicht ...«. Lügner dagegen vermeiden das Wort »ich« oder »mein«.[9] Statt »Ich habe das nicht gestohlen« sagen sie »Das würde doch niemand stehlen«. Wenn man einen Menschen mit schlechtem Gewissen einer Lüge bezichtigt, äußert er sich nicht konkret dazu, sondern mit allgemeinen Aussagen wie »Lügen sind furchtbar und eine Beleidigung für den Gesprächspartner«. Achten Sie also darauf, ob manche Sätze sonderbar allgemein gehalten sind.

Diese Distanzierung von der Lüge lässt sich ganz konkret an der Körperhaltung beobachten: Wenn sich der vermeintliche Lügner vom Gesprächspartner weglehnt, distanziert er sich auf körperliche Weise von seiner Lüge – er will »fliehen«. Die Wissenschaftler Bella DePaulo und James Lindsay stellten fest, dass Menschen, die den Kopf vom Gegenüber wegneigen und die Füße unbewusst in Richtung des nächsten Ausgangs platzieren, oft die Unwahrheit sprechen.

Wer sich schuldig fühlt, der schämt sich. Und was tut man, wenn man sich schämt? Richtig, man meidet den Blickkontakt. Deshalb kann auch mangelnder Blickkontakt als Indiz für das Schuldgefühl gelten. Allerdings ist es gemeinhin bekannt, dass Lügner Blickkontakt vermeiden, weshalb sie oft ganz bewusst den Blickkontakt suchen, teils sogar auffällig starren.[10] Doch bei Nahestehenden, die sich beim Lügen besonders schuldig fühlen, könnte es durchaus auffallen, wenn sie einem plötzlich überhaupt nicht mehr in die Augen schauen.

Die große Einschränkung: Homöostase

Leider gibt es eine große Einschränkung: Wer sich überhaupt nicht schuldig fühlt, zeigt keine Schuldgefühle. Sieht man sich moralisch im Recht, ist man mit sich im Reinen, auch wenn man noch so schamlos lügt. Menschen, für die der Zweck stets die Mittel heiligt, empfinden beim Lügen keine Schuldgefühle, denn für sie sind Lügen lediglich eines unter vielen probaten Mitteln, ihre Ziele zu erreichen.[11]

Dieses Phänomen ist weiter verbreitet, als man denkt: Verkäufer betrachten es oft als Teil ihres Jobs, ihre Waren übertrieben anzupreisen. Fremdgeher fühlen sich nicht schuldig, wenn sie sicher sind, dass der andere ebenfalls untreu ist. Spione oder Diplomaten haben kein Problem damit, den »Feind« zu belügen, weil diese Lügen gemäß ihrem Wertesystem gestattet sind. Ein Freund von mir verkaufte während seines Studiums im Internet gefälschte Poloshirts und redete sich damit heraus, dass die Käufer ja nicht explizit nach der Echtheit der Hemden gefragt hätten – und daher selbst schuld seien.

Um mit sich im Reinen zu sein, rechtfertigen Menschen ihr Handeln oft mit den abenteuerlichsten Winkelzügen; dieser Prozess wird »Homöostase« genannt – zu Deutsch »Gleich-Stand«. Jeder Mensch hat das Bedürfnis, ein inneres Gleichgewicht herzustellen – also auch der Lügner. Der Dieb redet sich ein, der Bestohlene sei ja sowieso versichert. Der Angestellte sagt sich, dass ihm wegen seines Engagements für das Unternehmen sämtliche Büro- und Hygieneartikel inklusive aller Keksdosen zur freien Verfügung stehen müssten – und wird sich daher selbst bei konkreten Nachfragen kaum schuldig fühlen. Das ist besonders dann der Fall, wenn der Vorgesetzte als unfair wahrgenommen wird – warum sollte man einem ungerechten Kerl gegenüber gerecht sein?[12]

Wie man sieht, erfordern solche Rechtfertigungen meist einige Denkarbeit. Schuldgefühle werden daher oft erst über einen gewissen Zeitraum hinweg abgebaut. Zeugen, die vor Gericht falsch aussagen, hatten genügend Zeit, ihr unmoralisches Verhalten vor sich selbst zu rechtfertigen. Deshalb sind Schuldgefühle vor allem bei spontanen Lügen zu beobachten – wenn der Lügner noch nicht dazu gekommen ist, sich innerlich mit der Lüge zu arrangieren.

Abgesang auf den Lügendetektor

Mittlerweile ist Ihnen bestimmt bewusst, dass der Lügendetektor keine Wundermaschine ist. Sogar bei einer Trefferrate von 90 % für den Tatwissenstest wären die Resultate mäßig: Verhört man eintausend Menschen, von denen zehn schuldig sind, werden neun von zehn Schuldigen entlarvt. Klingt nicht schlecht, oder? Allerdings werden gleichzeitig 99 Unschuldige für schuldig gehalten (10 % von 990), was kein Rechtsstaat hinnehmen kann. Das Problem liegt nicht darin, körperliche Veränderungen akkurat zu messen – sondern darin, die Ursachen für körperliche Symptome zu entwirren. Bisher hat man eben noch keine körperliche Reaktion entdeckt, die *ausschließlich* beim Lügen auftritt.

Trotzdem verwendet der US-Geheimdienst National Security Agency (NSA) den Lügendetektor bei der Einstellung neuer Mitarbeiter – allerdings nicht als letzte Instanz, sondern nur als ein Mittel unter vielen. Sollte der Test einen Kandidaten der Lüge »überführen«, wird in einem anschließenden Gespräch erörtert, warum der Befragte nicht bestanden hat. Vielleicht lautete eine Frage, ob man mal ein Autoradio gestohlen hätte – und der Befragte reagierte nervös, weil vor Kurzem sein eigener Wagen aufgebrochen wurde. Mit einer solchen Erklärung wäre die NSA wohl zufrieden; doch wer nicht damit dienen kann, wird auch nicht eingestellt.

Es ist ein Dilemma: Auf der einen Seite ist es für das Funktionieren des Lügendetektortests extrem vorteilhaft, wenn man ihn für unfehlbar hält. Auf der anderen Seite muss klar sein, dass die Technik weit davon entfernt ist, fehlerlose Ergebnisse zu liefern. Blindes Vertrauen in die Maschine führt unweigerlich zu ungerechten Urteilen.

Also muss man differenzieren: Lügendetektoren sind weder per se heiligzusprechen noch als Unfug zu verdammen. Vielmehr kommt es auf die richtige Anwendung an, und vor allem auf die richtige Fragetechnik.

Hoffen wir also, dass der aufgeklärte Bürger um die Fehlbarkeit des Lügendetektors weiß – und dieses zuweilen durchaus sinnvolle Hilfsmittel trotzdem nicht verteufelt. Und hoffen wir zugleich, dass der Verhörte von den Flatscreens, von den blinkenden und piependen Geräten hinreichend beeindruckt ist, um an den richtigen Stellen Angstsymptome zu zeigen.

3. Freude über die Täuschung

Frank Abagnale jr. begann seine Karriere als Hochstapler im zarten Alter von vierzehn Jahren. In Zeiten, in denen Stewardessen (die damals *sky girls* hießen) so glamourös waren wie heute Topmodels, gab er vor, ein Pan-Am-Pilot zu sein, und flog gratis Tausende von Meilen bei seinen »Kollegen« mit. Einmal musste er sogar das Steuer übernehmen und brachte es sogar tatsächlich fertig, das Flugzeug geschickt zu manövrieren. Nach einer Reihe von ausgefuchsten Schwindeleien – bei denen er als Arzt oder Rechtsanwalt arbeitete – landete er wie die meisten seiner Hochstaplerkollegen im Gefängnis.

Anders als seine Kollegen, wie etwa der eingangs erwähnte »Graf« Lustig, wurde er jedoch schließlich auf ehrliche Weise erfolgreich: Er wechselte (angeblich) die Seiten und berät nun Unternehmen in Sicherheitsfragen. Vor allem aber wurde seine Biografie *Catch Me If You Can* von Hollywoods erster Garde verfilmt – mit Leonardo DiCaprio in der Hauptrolle. Bemerkenswert an diesem Buch ist die Selbstgefälligkeit und Freude, mit der er von seinen Gaunereien erzählt.

Das ist nichts Neues: Betrüger, Scharlatane und Heiratsschwindler berichten immer wieder von dem Spaß, einen guten Betrug erfolgreich über die Bühne zu bringen. Derlei Geschichten bereiten auch Leserscharen und Kinopublikum buchstäblich diebische Freude – von Thomas Crown über Arsène Lupin bis hin zu Felix Krull. Selbst die renommiertesten Wissenschaftler können sich dem nicht entziehen: Der bereits häufig erwähnte und äußerst angesehene Psychologieprofessor Paul Ekman spricht immer wieder von der »Schönheit« einer guten Täuschung, und der Dichter Ralph Waldo Emerson schrieb: »Die Wahrheit ist schön, ohne Zweifel; aber Lügen sind es auch.«

Ja, das Lügen kann nicht nur zu Angst und Schuldgefühlen, sondern tatsächlich auch zu positiven Gefühlen führen: Der Lügner freut sich darüber, jemanden getäuscht zu haben.[13] Vor der Lüge ist er ein wenig aufgeregt – wird es auch klappen? –, währenddessen spürt er eine freudige Erregung, und danach darf er sich seinem Gesprächspartner überlegen fühlen. Bei der erfolgreichen Vorführung eines Zauberkunststücks kommt es zu ähnlichen Gefühlen (wobei Zauberkünstler nicht lügen, sondern per definitionem täuschen müssen; das Publikum ist sogar unbefriedigt, wenn sie schlecht täuschen – eben buchstäblich ent-täuscht). Der Grund für dieses Hochgefühl ist leicht einzusehen: Der Täuschende verfügt über mehr Wissen als sein Gegenüber, was ihm Macht über andere oder zumindest das Gefühl von Macht verleiht.

Anzeichen der Freude

Wie erkennt man, ob sich der andere gerade innerlich an seinen betrügerischen Erfolgen weidet? Glücklicherweise ist Freude, ähnlich wie Angst, leicht zu beobachten. Typische

Anzeichen sind intensivierte Bewegungen und auffälliges Lächeln – der Lügner zappelt herum, ein Grinsen scheint ihm ins Gesicht gemeißelt.[14]

Das fällt natürlich besonders auf, wenn es dazu keinen Anlass gibt: Warum lächelt der die ganze Zeit so entzückt, obwohl wir doch vom Tod seiner Großtante reden, einem durchaus ernsten Thema? Warum setzt der sich nicht endlich hin, sondern geht die ganze Zeit auf und ab, während er von der schönen Zusammenarbeit erzählt? Wie bei den anderen zwei Emotionen sollten Sie misstrauisch werden, wenn kein ersichtlicher Grund für das gezeigte Verhalten existiert.

Indem Sie auf das Symptom der Freude achten, können Sie sich besonders vor erfahrenen und erfolgreichen Lügnern schützen: Diese empfinden weniger Angst und Schuld, dafür aber umso stärkere Freude beim Lügen.

Das Pokerface

Für viele Menschen ist Poker mehr als ein Spiel: Es ist ein Spiegel der menschlichen Kommunikation, vor allem der Täuschung und des Entlarvens. Egal wie gut man ist, man kann nicht beeinflussen, welche Karten man bekommt (wenn man nicht falsch spielt). Was einen guten von einem schlechten Spieler unterscheidet, ist allein die Fähigkeit, Emotionen anderer zu lesen und die eigenen Emotionen zu verbergen.

Eine simple Täuschung wird nur von blutigen Anfängern versucht: Wenn ein eigentlich freudig erregter Spieler (der ein Full House in der Hand hält) eifrig Enttäuschung vorgaukelt, werden die anderen Spieler erwarten, dass er bei nächster Gelegenheit passt. Tut er das nicht, ist er bereits entlarvt. Klüger ist es da schon, doppelt zu täuschen: Hat man ein gutes Blatt, spielt man künstliche Freude vor, damit die Mitspieler glauben, man hätte ein schlechtes Blatt und wollte ein gutes vortäuschen. Doch diese Strategie funktioniert nur, wenn man für einen Anfänger gehalten wird und auch dementsprechend setzt.

Eine weitere Möglichkeit besteht darin, die anderen mit einem Durcheinander von Emotionen zu verwirren: Im einen Moment redet und lacht man fröhlich, im nächsten mutiert man zum Griesgram – sodass die Mitspieler irgendwann überhaupt nicht mehr wissen, woran sie sind. Welches Gefühl ist echt, welches gespielt?

Einfacher ist es jedoch, jegliche Emotionen zu verstecken, indem man ein ausdrucksloses Gesicht aufsetzt – das berühmte Pokerface: Ganz egal, ob man einen Royal Flush oder rein gar nichts in der Hand hat – das Gesicht bleibt unverändert.

Der Psychologe und Pokerprofi David Hayano unterscheidet drei Stufen von Pokerspielern: Den Anfängern sieht man gleich an, was für ein Blatt sie haben. Die Fortgeschrittenen kommunizieren kontrollierter und schaffen es ab und an gar, zu bluffen. Und die Besten können andere gut einschätzen und sind vor allem hervorragend darin, ihre Gegner über ihre Emotionen zu täuschen.

Fazit

Drei Emotionen treten beim Lügen typischerweise auf: Angst vor der Entlarvung, Schuldgefühle und Freude über die Täuschung. Wollen Sie diese Gefühle nutzen, sind zwei Schritte wesentlich: Zum einen können Sie die Emotionen mit den angegebenen Techniken intensivieren; zum anderen müssen Sie sorgfältig auf Anzeichen für die Emotionen achten – besonders, wenn sie eigentlich unpassend erscheinen. Am deutlichsten sind die Emotionen am Gesichtsausdruck zu erkennen.

Um Angst richtig zu deuten, dürfen Sie nicht dem Othello-Fehler aufsitzen: Machen Sie daher glaubhaft, dass Sie hervorragend im Entlarven von Lügen sind, um die Angst des Lügners zu vergrößern, die des Ehrlichen aber zu vermindern. Schuldgefühle sind an Entpersonalisierungen zu erkennen: Lügner vermeiden Worte wie »ich« oder »mein« und halten ihre Aussagen auffällig allgemein. Demonstrative Freude sieht man vor allem bei geübten Lügnern; sie ist besonders leicht zu entlarven, wenn sie unbegründet wirkt.

Je größer die Bedeutung der Lüge, desto klarer die emotionalen Anzeichen. Versuchen Sie daher, die Wichtigkeit der Angelegenheit herauszuheben: »Dieses Gespräch wird über unsere künftige Zusammenarbeit entscheiden.« oder »Wenn du mich weiter anlügst, ist es aus.«

Emotionen kann man selbst dann beobachten, wenn man den vermeintlichen Lügner kaum kennt – ein großer Vorteil. Wenn ein Fremder ohne Anlass ängstlich, schuldbewusst oder freudig erregt wirkt, wenn sein Auftreten nicht zu seinen Worten passt, können Sie davon ausgehen, dass Sie über den Tisch gezogen werden sollen. Ist dagegen keine der drei Emotionen zu erkennen, sondern eher Zorn, Bedrängnis oder Überraschung, liegen laut Paul Ekmans Forschungen typische Indizien dafür vor, dass jemand zu Unrecht einer Lüge bezichtigt wird.

Übrigens: Als Ekman die drei Emotionen beim Lügen in jahrzehntelanger Arbeit erforschte, erwartete er zunächst, dass die Ergebnisse nur auf unmittelbare persönliche Gespräche anwendbar wären. Doch zu seiner Überraschung fand er heraus, dass die drei Emotionen ganz universell zu beobachten sind, wenn gelogen wird – also beispielsweise auch bei politischen Reden oder in der Diplomatie. Daher lohnt es sich wirklich immer, auf Symptome der Angst, Schuld oder Freude zu achten.

Nun, da Sie wissen, welche Emotionen typisch sind für die Lüge, verfügen Sie über ein unschätzbar wertvolles Werkzeug zum Aufdecken von Unwahrheiten. Prägen Sie sich dieses Grundprinzip gut ein – denn die Gefühle, die Sie vom Gesicht Ihres Gegenübers ablesen, verraten so einiges über dessen wahre Beweggründe.

Die drei Emotionen

Auf typische Anzeichen der drei Emotionen achten:
- Gesichtsausdruck beobachten
- Verhalten beobachten
- Unpassende Gefühle registrieren

→ Weisen Sie auf die schwerwiegende Bedeutung der Lüge hin, um Angst und Schuldgefühle zu steigern.

Angst vor der Entlarvung:
- Häufigeres Blinzeln
- Pausen, Stottern, Wiederholungen; höhere Stimmlage

→ Erwecken Sie den Eindruck, hervorragend im Entlarven zu sein, um die Angst des Lügners zu erhöhen und die des Ehrlichen zu minimieren.

Schuldgefühle:
- Trauriger Gesichtsausdruck
- Entpersonalisierung: kaum »ich« oder »mein«
- Körper vom Gesprächspartner weggeneigt, Füße zum Ausgang ausgerichtet

→ Machen Sie auf Ihr gutes Verhältnis zum vermeintlichen Lügner aufmerksam, um Schuldgefühle zu intensivieren.

Freude über die Täuschung:
- Vor allem bei geübten Lügnern und Betrügern
- Erscheint oft unpassend

Der König der Diebe –
und wie ihn ein Spiegel dazu machte

Berlin im Jahre 1900. Der Fürst Lahovary und sein Hofstaat – Sekretäre, Kammerdiener und Boten – residieren in ganzen Zimmerfluchten im Berliner Hotel Kaiserhof. Heute ist ein besonders schöner Tag. In strahlendem Sonnenschein begibt sich der Fürst in seine Equipage und befiehlt dem Kutscher, ihn zum ersten Juwelier der Stadt zu bringen.

Kurz darauf fährt das ansehnliche Gespann an der erstklassigen Adresse vor. Als Fürst Lahovary aussteigt, weiß der Juwelier sofort: Dieser Mann ist noch edler als die Geschmeide, mit denen er tagtäglich hantiert – ein hoher Herr, dem er seine Kollektion selbstverständlich persönlich präsentieren wird. Sogleich erkundigt sich der eifrige Händler, ob die erlauchte Kundschaft denn etwas Spezielles im Sinne habe – der Fürst antwortet, dass er nach Geschenken suche.

Jahre später erinnert sich der Meisterdieb Georges Manolescu in seinen Memoiren an seine Zeit als angeblicher Fürst Lahovary – und an die Geschenke, die er sich von seinen Feldzügen mitbrachte: »Als ich eine eigene Equipage und einen Diener hatte, der feierlich meine wappengekrönte Karte den Edelsteinhändlern in ihr Bureau brachte, verloren diese Hampelmänner weit über jede Erwartung den Kopf. Sie beeilten sich, ihren gesamten Vorrat an Steinen, ihr ganzes Hab und Gut, fast die Arbeit ihres Lebens in Bergen vor mir zur Auswahl aufzuhäufen; sie ließen mich in unbedingtem Vertrauen nach Belieben in diesen Schätzen herumwühlen und aussuchen und rieben sich vor Befriedigung heimlich die Hände, während ich ihnen dicht vor der Nase Stein auf Stein, Tausende um Tausende stahl.«

Als »Fürst der Diebe« wird der 1871 in Rumänien geborene Manolescu berühmt – mit seinen ausgekochten Diebstählen erbeutet er insgesamt etwa 35 Millionen Mark. Zugleich bewegt er sich als ver-

meintlicher Edelmann – gerne auch als »Herzog von Otranto« – parkettsicher in den illustren Salons der Belle Époque, immer mit einem Auge auf den nächsten Beutezug schielend. Wird er erwischt, spielt er vor Gericht den Geisteskranken und wird so lediglich des Landes verwiesen – was ihn nicht weiter beeindruckt.

Schließlich geraten Manolescus spektakuläre Coups an die Öffentlichkeit: Er wird zum Star. Bei öffentlichen Auftritten erzählt er von seinen Abenteuern. Der Staatsanwalt und Schriftsteller Erich Wulffen schreibt einen an Manolescu angelehnten Roman mit dem Titel Der Mann mit den sieben Masken, *Paul Langenscheidt gibt seine Memoiren heraus. Darin erklärt Manolescu das Erfolgsgeheimnis seiner Schwindeleien. Entscheidend sei vor allem eines: Verhalten und Körpersprache – insbesondere die Mimik – müssen im perfekten Einklang miteinander sein.*

So wichtig war ihm die perfekte Harmonie, dass er jahrelang vor einem Spiegelschrank in seiner schäbigen Pariser Wohnung probte, bevor er zum professionellen Dieb wurde. Dazu schreibt er: »Dieser Spiegelschrank war es, dem ich ganz wesentlich den Erfolg meiner späteren Unternehmungen verdanke. Ehe ich mich entschloss, zum Dieb und Abenteurer zu werden, hatte ich mich um diesen Spiegel nur gerade so weit gekümmert, als er mir für die Toilette nötig war; aber seitdem ich mich für mein neues Leben entschieden hatte, schloss ich ihn leidenschaftlich in mein Herz. Sollte er mir doch zu der Erkenntnis verhelfen, welchen natürlichen Ausdruck mein Gesicht in dieser Lage trug, wie ich ihn im gegebenen Augenblick entsprechend zu ändern und einen anderen an seine Stelle zu setzen hatte. Zu diesem Zwecke rückte ich, bevor ich zum Louvre, Bon Marché oder Printemps ging, einen Sessel vor den Spiegelschrank und stellte mir mit Hilfe meiner Fantasie vor, wie beispielsweise der Ausdruck meines Gesichtes sein müsste, wenn ich ein Warenhaus betrat, um irgendeinen Gegenstand zu entwenden. Ich gab meinen Zügen nun den geeigneten Ausdruck, verbesserte ihn beständig nach bestem Ermessen, gab ihn wieder auf und wiederholte den gedach-

ten Diebstahl hundertmal, bis jeder Zug der Maske, die ich für diesen bestimmten Zweck brauchte, sich untrüglich in mein Gehirn eingeprägt hatte. Ich werde freilich nicht sagen, wie der Ausdruck des Gesichts in solcher Lage sein muss, denn ich will nicht in den Verdacht kommen, Dieben und Hochstaplern hier Unterricht zu geben.«

Dazu sollte es auch nicht mehr kommen: Manolescu starb – mittellos, aber frisch verlobt mit einer jungen Französin – erst siebenunddreißigjährig infolge eines Geschwürs.

»Man lügt wohl mit dem Munde;
aber mit dem Maule, das man dabei macht,
sagt man doch noch die Wahrheit.«

FRIEDRICH NIETZSCHE

III. Disharmonien

Wir befinden uns selbstverständlich auf der moralisch untadeligen Seite: Wir wollen nicht meisterhaft lügen, wir wollen das Lügen meisterhaft entlarven! Aber auch dabei können wir vom Meisterdieb Manolescu lernen – denn die sogenannte Disharmonie, die er so sehr fürchtete, ist eine der wirksamsten Waffen des Wahrheitssuchers.

Lügen sind eine komplexe Angelegenheit – so komplex, dass der Lügner niemals alle Aspekte seines Auftretens, von der Stimme bis zur Körpersprache, perfekt steuern und aufeinander abstimmen kann. Aus diesem Grund treten bei Lügnern – wenn sie nicht jahrelang vor dem Spiegel geübt haben – häufig Disharmonien auf: Das Verhalten passt einfach nicht zusammen. Ein Beispiel: Sie begegnen einem alten Bekannten auf der Straße, den Sie seit vielen Jahren nicht mehr gesehen haben. Sofort lässt er sich darüber aus, welch immense Freude es ihm bereite, Sie so überraschend zu treffen – doch seine Körpersprache ist träge und lahm. Wenn Sie erkennen, dass die angeblichen Gefühle Ihres Gegenübers in klarem Widerspruch zu seinem Verhalten stehen, werden Sie seine Lügen bald durchschaut haben.

Stellen Sie sich vor, Sie befinden sich mitten in einem wichtigen Verkaufsgespräch. Gerade erzählen Sie dem potenziellen Kunden, wie zufrieden Ihre letzten Kunden mit Ihrer Arbeit waren. Sprechen Sie die Wahrheit, übermitteln Sie eine einheitliche Botschaft: Die Kommunikationskanäle harmonieren wie ein gut eingespieltes Orchester. Gesichtsausdrücke, Körpersprache und Worte passen zu Ihren Emotionen und Gedanken – Sie lächeln, bewegen sich beschwingt und klingen dabei fröhlich. Wenn Sie sich während Ihrer euphorischen Worte aber an die Schmähbriefe, die Klagedrohungen in Ihrem Briefkasten und an die tote Ratte vor Ihrer Haustür erinnern, befinden sich Ihr Gesichtsausdruck und der Inhalt des Gesprochenen nicht im Einklang miteinander – es liegt eine sogenannte Kommunikationsdisharmonie vor.

Sie kennen das Gefühl: Ein Gespräch ist in vollem Gange, doch plötzlich merken Sie, dass irgendetwas »faul« ist. Eine solche Intuition kann man häufig auf eine Disharmonie zurückführen. Allerdings sollte man sich nicht zu sehr auf sein Gefühl verlassen! Gerade bei Begegnungen von Angehörigen verschiedener Kulturkreise oder Bevölkerungsgruppen kommt es oft zu Fehlurteilen: Das Verhalten der »anderen« erscheint einem regelmäßig zu Unrecht verdächtig. Beispielsweise halten weiße US-Amerikaner Afroamerikaner häufig grundlos für unehrlich, was allein daran liegt, dass sie sich in ihren Gewohnheiten unterscheiden.[1]

Daher sollten Sie, statt auf ein diffuses Gefühl zu vertrauen, systematisch die entscheidenden Signale für Disharmonien beobachten. Nach diesem Kapitel werden Sie wissen, welche sichtbaren Disharmonien auftreten und woran sie zu erkennen sind.

Anzeichen der Disharmonie

Worüber denken Sie am meisten nach, wenn Sie sich eine Lüge zurechtlegen? Über Ihren Gang, Ihre Gesten? Nein, ich bin mir sicher, Ihre Antwort lautet: über das, was Sie sagen werden. So ist es jedenfalls meistens: Lügner achten hauptsächlich auf den Inhalt des Gesprochenen.[2] Scheinbare Nebensächlichkeiten wie Gesichtsausdruck und Körperhaltung fallen dabei unter den Tisch. Die größte Angst des Lügners besteht darin, sich mit Worten zu verraten, weniger mit Gesten. Der Grund liegt auf der Hand: Anders als etwa Gesten kann man sich Worte merken und sogar aufschreiben; ja, es kann einem unangenehmerweise sogar passieren, dass sich das Gegenüber die exakten Worte einprägt, nur um sie einem später vorzuhalten (»Du hattest doch gesagt, du warst schon um acht zu Hause!«). Eine Geste, ein Gesichtsausdruck oder eine besondere Stimmlage taugen dagegen kaum als Argument (»Du hast so komisch geguckt, als du von gestern Abend erzählt hast!«). Wenn ein Verdächtiger über sein Alibi spricht, wird er daher vor allem darauf achten, dass es inhaltlich überzeugt.

Für uns, die wir selbstverständlich nicht selbst lügen, sondern Lügen entlarven wollen, kommt es noch besser: Der Lügner konzentriert sich umso mehr auf die Sprache, je wichtiger die Lüge für ihn ist. Geht es um seinen sprichwörtlichen Kopf, vernachlässigt er die Kontrolle über seinen Körper – vor allem über seinen Gesichtsausdruck – vielleicht sogar vollständig. So macht er es uns noch einfacher, ihm über Disharmonien auf die Schliche zu kommen.[3]

Am aufschlussreichsten ist und bleibt dabei der Gesichtsausdruck, da das Gesicht unsere Gefühle unmittelbar spiegelt. Der Psychologe Paul Ekman, der Jahrzehnte mit der Untersuchung von Gesichtsausdrücken und der Erforschung der Lüge verbracht hat, sieht in den Disharmonien des Gesichts gar den wichtigsten Schlüssel zum Entlarven von Lügen.

Hintergründe: Woher kommen künstliche Gesichtsausdrücke?

Warum erkennt man Disharmonien bevorzugt im Gesicht? Weil das Gesicht im Fall der Lüge typischerweise zwei verschiedene Emotionen zeigt: die, die der Lügner zeigen will, und die, die er zu verbergen sucht. So setzt er beispielsweise ein künstliches Lächeln auf, um einen genervten Gesichtsausdruck zu überdecken. Denn, so der deutsche Kabarettist Oliver Hassencamp treffend: »Wer lügt, hat die Wahrheit immerhin gedacht.«

Im Gesicht arbeiten zwei voneinander getrennte Systeme parallel: die bewussten und die unbewussten Ausdrücke. Diese beiden Ebenen werden von unterschiedlichen Hirnregionen gesteuert. Patienten, die durch einen Unfall oder einen Schlaganfall Schaden am pyramidalen System, dem System der bewussten Bewegungssteuerung, davongetragen haben, sind häufig unfähig, bewusst zu lächeln – etwa für ein Foto. Sie lächeln aber unbewusst, wenn sie einen Witz hören. Tragischer ist der umgekehrte Fall: die Störung des extrapyramidalen Systems, welches die Bewegungen steuert, die nicht über das pyramidale System laufen (häufig bei Parkinsonkranken). Menschen, die darunter leiden, können zwar auf Kommando lächeln, bleiben aber oft ausdruckslos, wenn sie sich tatsächlich amüsieren. Damit sind sie allerdings hervorragende Lügner, da ihr Gesichtsausdruck keine unfreiwilligen Regungen zeigt.

Diese neurologischen Erkenntnisse illustrieren eine entscheidende Tatsache hinsichtlich des Umgangs mit Lügen: Das Gesicht ist ein doppeltes System – unterschiedliche Teile des Gehirns sind für bewusste und unbewusste Gesichtsausdrücke zuständig. Künstliche Gesichtsausdrücke sind also Teil eines eigenständigen Systems. Auf dieses System muss man sich konzentrieren, um Lügner zu überführen.

Laut Paul Ekman sind wir so miserabel im Entlarven von Lügen, weil wir so miserabel darin sind, künstliche von echten Gesichtsausdrücken zu unterscheiden. Diese Fähigkeit, die zum wichtigsten Faktor beim Entlarven werden kann, ist im Allgemeinen erschreckend schlecht entwickelt. Dagegen wird jeder zum Experten in der Kontrolle des eigenen Gesichtsausdrucks ausgebildet: Schon Babys im Kinderwagen werden von Erwachsenen angelächelt und zur Mimikry animiert, zum Kopieren des Verhaltens der Vorbilder; Kleinkindern wird angeordnet, ihren Gesichtsausdruck zu ändern (»Guck doch nicht so gelangweilt/traurig/blöd.«). So werden die meisten Menschen zu versierten Fälschern ihrer Mimik – doch deshalb wissen sie noch lange nicht, ob sie gerade selbst auf einen anderen Fälscher hereinfallen.

Dabei ist es gar nicht so schwierig, falsche Gesichtsausdrücke zu erkennen – wenn man nur weiß, worauf es ankommt. Wer genau hinschaut, wird feststellen, dass die Emotion, die ein Lügner ausdrücken will, nicht mit dem Rest seines Gesichts harmoniert.

Erstes Anzeichen: Asymmetrie und Lächeln

Ein Merkmal künstlicher Gesichtsausdrücke – also dafür, dass Emotionen vorgespiegelt werden – sind laut einer Studie von Paul Ekman die sogenannten »asymmetrischen Gesichtsausdrücke«. Echte Gefühle werden im Gesicht symmetrisch ausgedrückt: So ist ein echter Ausdruck des Zorns auf beiden Gesichtshälften praktisch gleich ausgeprägt. Nun ist es nicht so, dass künstliche Gesichtsausdrücke nur eine Hälfte des Gesichts abdecken würden, dass also die eine Gesichtshälfte eines künstlich Zornigen völlig unbewegt bliebe. Nein, der Gefühlsausdruck ist durchaus auf dem gesamten Gesicht zu beobachten – allerdings ist er meist auf der einen Seite stärker ausgeprägt als auf der anderen. Er ist also asymmetrisch.

Diese Asymmetrie kann nicht nur von links nach rechts, sondern auch von oben nach unten verlaufen. Ein Beispiel dafür ist der asymmetrische Gesichtsausdruck mit der größten Verbreitung: das künstliche Lächeln. Es soll dem Gesprächspartner vorgaukeln, dass man eine positive Emotion fühlt, obwohl nichts dergleichen der Fall ist.

Vor über hundert Jahren führte der Franzose Guillaume Duchenne de Boulogne eine bizarre Untersuchung des menschlichen Gesichts durch: Er reizte die Gesichtsmuskeln seiner Versuchspersonen mit elektrischem Strom. Dabei – mit einem wenig beneidenswerten alten Schuhmacher als Testperson – analysierte er auch das Lächeln; noch heute wird das echte Lächeln nach ihm Duchenne-Lächeln genannt. Duchenne entdeckte einen Muskel, der die Mundwinkel nach oben zieht – den Jochbeinmuskel (Musculus Zygomaticus Major), den er »Muskel der Freude« nannte. An einem echten Lächeln ist daneben ein weiterer Muskel beteiligt: der Musculus Orbicularis Oculi, der die Augen »mitlächeln« lässt. Moderne Forschungen von Mark G. Frank bestätigen Duchennes Ansatz: Typisch für das künstliche Lächeln ist die Asymmetrie – nur der Jochbeinmuskel ist involviert, sodass lediglich der Mund lacht, nicht aber die Augen. Wenn man darauf achtet, ist das künstliche Lächeln sehr leicht zu durchschauen.

Beim Lügen kommt dem künstlichen Lächeln eine besondere Bedeutung zu. Lügner und Ehrliche lächeln gleich häufig, aber es gibt einen entscheidenden Unterschied, den die Psychologen Paul Ekman, Wallace Friesen und Maureen O'Sullivan ermittelten: Das Lächeln des Lügners ist viel häufiger künstlich. Der Lügner setzt es gezielt ein, etwa wenn er merkt, dass er auf seinem Gesicht eine Emotion zeigt, die es zu verschleiern gilt. Befürchtet er, sich durch Angst oder Schuldgefühle zu verraten, unterdrückt er diese Emotionen, so gut es geht, und maskiert gleichzeitig sein Gesicht mit der Maske des Lächelns. Das ist nicht mal besonders schwer – künstlich zu lächeln fällt uns relativ leicht; Zorn etwa, mit den dafür typischen dünnen Lippen, ist schwieriger vorzuspielen. Bemerken Sie daher, dass Ihr Gegenüber zwar mit dem Mund, nicht aber mit den Augen lächelt, haben Sie einen Anhaltspunkt für eine Lüge entdeckt.[4] Um dies zu illustrieren, sehen Sie sich die folgenden Bilder an: An den Augen können Sie zwischen künstlichem und echtem Lächeln unterscheiden.

*Künstliches Lächeln –
die Augen lächeln nicht mit.*

*Echtes Lächeln –
die Augen lächeln mit.*

Die Grundregel lautet: Beobachten Sie immer die obere Gesichtspartie Ihres Gesprächspartners – diese wird bei künstlichen Gesichtsausdrücken am wenigsten kontrolliert. Gute

Pokerspieler wissen das und achten daher hauptsächlich auf die obere Gesichtshälfte, um Bluffs zu entlarven.

Probieren Sie es aus: Sie können Asymmetrie leicht erkennen, wenn sie explizit darauf achten. Richten Sie doch mal bewusst Ihr Augenmerk darauf, ob Gesichtsausdrücke symmetrisch wirken oder eben nicht – Sie werden überrascht sein, wie zuverlässig Sie Unehrlichkeit erkennen.

Zweites Anzeichen: Falsche Reihenfolge

Auch *wann* ein Gesichtsausdruck auftritt, sagt viel aus: Echte Gesichtsausdrücke treten in der Regel vor den entsprechenden Worten auf. Wenn jemand mit der Faust auf den Tisch schlägt, sagt: »Jetzt reicht's mir aber, verdammt noch mal!«, und das Gesicht erst im nächsten Moment zur wütenden Fratze verzerrt, dann stimmt etwas nicht. Geht alles mit rechten Dingen zu, stellt sich erst die unbewusste Reaktion ein, also der Gesichtsausdruck, und danach die bewusste Reaktion, also die mündliche Äußerung. Unser Schauspieler wusste vielleicht schon vorher von dem vermeintlichen Ärgernis; eventuell will er auch einen Nutzen aus seiner gerechten Empörung ziehen, obwohl es ihn eigentlich gar nicht so sehr stört.

So verhielt es sich im Jahr 2002, als CDU-Politiker bei einer Debatte über das Zuwanderungsgesetz im Bundesrat Empörung über einen Vorstoß Klaus Wowereits vorspielten. Zu ihrem Pech hatten sie bereits einen Tag zuvor von dem unerhörten Ereignis erfahren – als leider keine Journalisten dabei waren. Also entschlossen sie sich, ihre Empörung öffentlich und medienwirksam zu wiederholen. Nun waren aber Roland Kochs Faustschläge auf den Tisch nicht nur zu häufig, sondern disharmonierten noch dazu so deutlich mit seinen Gesichtsausdrücken, dass der *SPIEGEL* die Komödie als »ländliches Possenspiel« entlarvte.

Auf den Alltag übertragen: Sagen wir mal, Sie wollen sich einen Gebrauchtwagen kaufen. Sie gehen also zum Gebrauchtwagenhändler und lassen sich einige Modelle vorführen. Als Sie einen interessanten Kandidaten gefunden haben, fragen Sie, ob der Wagen auch tatsächlich – wie angegeben – unfallfrei ist. Möglicherweise reagiert der Händler, der sich in seiner Berufsehre verletzt sieht, mit Empörung und weist jegliche Unterstellung weit von sich. Doch schauen Sie genau hin: Zeigt sein Gesichtsausdruck sofort Empörung, noch bevor er beginnt, von Moral zu schwadronieren? Wenn ja, ist der Händler wahrscheinlich ehrlich. Legt er aber gleich mit seiner Rede los und setzt erst kurz darauf einen empörten Gesichtsausdruck auf, rate ich Ihnen vom Kauf ab.

Drittes Anzeichen:
Unpassende Dauer und Intensität

Auch an der Dauer eines Gesichtsausdrucks kann man vorgespielte Emotionen erkennen – gerade, wenn bestimmte Gefühle zu lange im Gesicht verbleiben.

Besonders deutlich ist dies bei der Überraschung: Wird dem Mörder vom Fund der Leiche seines Opfers berichtet, bemüht er sich meist darum, möglichst überrascht zu wirken – sodass ihm die Überraschung über einen langen Zeitraum ins Gesicht geschrieben steht. Doch genau dadurch verrät er sich: Echte Überraschung dauert nur einen Augenblick; denn sobald der Überraschte die Situation erfasst hat, ist er eben nicht mehr überrascht. Auch wenn es nicht um Mord und Totschlag geht, lohnt es sich, auf die Dauer von Gesichtsausdrücken zu achten.

Lügner sind Schauspieler, die ihre Sache oft ein bisschen zu gut machen wollen. Deshalb kann auch die Intensität vorgespielter Gefühle unharmonisch sein: Wirft man einem Lügner vor, die Unwahrheit gesagt zu haben, schaltet er eventuell sofort in den Modus »beleidigte Leberwurst«. Da er aber nicht wirklich beleidigt ist, übertreibt er es vielleicht – und Sie wissen, woran Sie sind.

Viertes Anzeichen: Wechselbad der Emotionen

Der Verhörexperte Christopher Dillingham, der Polizisten in Florida schult, ist überzeugt davon, dass man Lügner selbst dann überführen kann, wenn sie falsche Emotionen perfekt vorspielen. Woher nimmt er diese Zuversicht?

Lügner wechseln ihre Emotionen im Verlauf eines Gesprächs häufiger als Ehrliche. Wie man einen Schlüssel sucht, der passt, versuchen sie, die Emotion zu finden, die am besten täuscht. Kinder sind sehr gut darin: Sie schreien, betteln und drohen, um die Eltern von etwas zu überzeugen. Sollte Ihr Partner bei einem Gespräch über eine vermeintliche Lüge ständig von einer Stimmung in die andere wechseln, dürfen Sie also hellhörig werden.

All diese Anzeichen sind hervorragende Mittel, um Unstimmigkeiten aufzudecken, die auf Lügen hinweisen. Praktischerweise muss man dazu lediglich beobachten und nicht aktiv ins Gespräch eingreifen. In der Regel genügt es einem ja, zu erkennen, ob der Gesprächspartner ehrlich ist oder nicht. Wem das nicht reicht, dem kann Paul Ekman weiterhelfen: Er hat eine Methode entwickelt, die ebenfalls auf dem Prinzip der Disharmonie aufbaut, aber einen Schritt weiter geht – sie deckt das wirklich Gefühlte auf.

Das wahre Gefühl – Mikro-Ausdrücke

In den Sechzigerjahren entdeckten die Psychotherapeuten Ernest Haggard und Kenneth Isaacs bei Patienten Gesichtsausdrücke, die nur für Sekundenbruchteile andauerten: die sogenannten »Mikro-Ausdrücke« (*micro expressions*). Dabei handelt es sich um vollständig ausgeprägte Gesichtsausdrücke, die das tatsächlich Gefühlte wiedergeben. Allerdings sind sie von so kurzer Dauer, dass sie in der Regel nicht wahrgenommen werden – kein Wunder, halten sie doch lediglich über einen Zeitraum von einer halben bis zu einer fünfundzwanzigstel Sekunde an.

Der Psychologieprofessor Steve Porter und seine Studentin Leanne ten Brinke zeigten Versuchspersonen Bilder, die Gefühle auslösen sollten, etwa von spielenden Hundewelpen oder von grausam abgetrennten menschlichen Körperteilen. Nun sollten die Versuchspersonen entweder mit dem echten oder einem vorgespielten emotionalen Ausdruck reagieren. Wieder wurde deutlich, dass Menschen unweigerlich den echten Ausdruck im Gesicht zeigen, wenn auch nur sehr kurz. Genau darin sieht Paul Ekman die wirksamste Methode, Lügen zu entlarven – denn diese Mikro-Ausdrücke geben die wahre Emotion des Lügners wieder, auch wenn er sich noch so sehr bemüht, sie zu verschleiern.

Wenn Sie beispielsweise eine Kollegin fragen, wie ihr Date mit einem gemeinsamen Bekannten aus der IT-Abteilung verlaufen ist, wird sie möglicherweise irgendetwas Freundliches antworten, etwa »ganz nett«. War das Date aber tatsächlich ein Fiasko, weil er den ganzen Abend über die Vorteile von Linux gegenüber Microsoft Windows räsonierte, wird unmittelbar vor der Antwort die Abneigung im Gesicht Ihrer Kollegin sichtbar werden, so höflich-unverbindlich sie auch sein will. Dieser Mikro-Ausdruck dauert kaum eine Sekunde an; würde man aber das Bild aufzeichnen und im richtigen Moment stoppen, wäre er komplett sichtbar.

Ein Beispiel aus der Politik: Der Kanzlerkandidat erzählt einer prominenten TV-Journalistin Märchen über die angeblich geplante Steuerreform – und muss plötzlich feststellen, dass die Moderatorin viel mehr über die tatsächlichen Pläne der Parteispitze weiß als angenommen. Da bekommt er es mit der Angst zu tun. Dieses Gefühl wird sich unweigerlich in seinem Gesicht zeigen, doch er wird sofort versuchen, den Ausdruck zu unterdrücken – entweder mit einem Pokerface, oder indem er die wahre Emotion durch eine andere maskiert – vielleicht zeigt er sich empört darüber, dass Politikern andauernd misstraut wird.

Doch wer weiß, worauf man achten muss, wird den Mikro-Ausdruck bemerken, bevor der Lügner die Maske aufsetzt. Egal, wie groß das Schauspieltalent des anderen ist – es bleibt immer ein Moment, der Aufschluss über seine wahren Gedanken gibt.

Frauen und Männer – wer entlarvt besser?

Frauen haben Männern einiges voraus: Sie sind viel besser darin, in Gesprächen zwischen den Zeilen zu lesen. Sie nehmen sich mehr Zeit, die Körpersprache ihrer Gesprächspartner zu beobachten, und lassen diese Erkenntnisse stärker in ihre Entscheidungsprozesse einfließen. Auch Gesichtsausdrücke interpretieren sie häufiger korrekt als Männer. Dennoch sind sie insgesamt nicht besser im Entlarven von Lügen.[5] Warum?

Das Forscherteam von Bella DePaulo, Jennifer Epstein und Melissa Wyer entdeckte den Grund: Frauen sind sozial entgegenkommender – sie nehmen eher wahr, was der Gesprächspartner kommunizieren will, als das, was er verbirgt. Dementsprechend achten sie ohne vorherige Hinweise nicht auf Mikro-Ausdrücke, sondern lassen sich von künstlichen Ausdrücken täuschen.

Das liegt hauptsächlich daran, dass Frauen weniger misstrauisch sind als Männer – dadurch büßen sie die zahlreichen Vorteile ein, die sie durch ihre bessere Beobachtungsgabe hätten. Daher der offensichtliche Ratschlag an alle weiblichen Leser: Seien Sie in den entscheidenden Situationen einfach ein wenig misstrauischer.

Sollten sich meine männlichen Leser nun in Sicherheit wiegen, muss ich sie leider auf eine fatale Ausnahme aufmerksam machen: Frauen sind echte Experten, wenn es darum geht, Lügen von Nahestehenden zu entlarven – vor allem, wenn sie von dieser Person schon einmal hintergangen worden sind oder ein besonderes Misstrauen hegen.[6] Sind sie erst einmal misstrauisch geworden, können Frauen deutlich besser beurteilen als Männer, ob ihr Partner die Wahrheit sagt.

Wie man Mikro-Ausdrücke erkennt

Nun haben wir leider nicht die Möglichkeit, eine Unterhaltung in Zeitlupe ablaufen zu lassen, um noch die geheimsten Gesichtsausdrücke unseres Gegenübers zu enttarnen. Um dieses Defizit auszugleichen, wurde eine Übung (*Micro Expression Training Tool* – METT) entwickelt, mit der man lernen kann, Mikro-Ausdrücke besser zu erkennen.

Entscheidend ist dabei, jene Emotionen exakt zu unterscheiden, die besonders oft miteinander verwechselt werden: Wut und Ekel, Angst und Überraschung, Angst und Traurigkeit. Bei meinem Seminar (siehe Ende des Buches) werden zunächst Zeitlupenaufnahmen von Gesichtern gezeigt und miteinander verglichen, die jeweils eines der genannten Gefühle ausdrücken. Dann wird man mit Gesichtern konfrontiert, die plötzlich und für einen kurzen Augenblick eine Emotion darstellen. Nun soll man beurteilen, welches Gefühl der Gesichtsausdruck wiedergegeben hat: Blickte der Abgebildete ärgerlich, traurig oder etwa angeekelt? Zur Auflösung wird das Bild von eben länger eingeblendet, sodass man sieht, ob man richtig lag. Laut Ekman verbessert sich die Trefferquote von anfangs 30–40 % auf 80 % zum Ende des Trainings. In seinen Studien entdeckte der Forscher sogar Menschen, die Lügen mit fast hundertprozentiger Sicherheit entlarven können, die sogenannten »Wizards« (Zauberer) – ihr Geheimnis liegt darin, dass sie Naturtalente sind im Deuten von Mikro-Ausdrücken.

Gesichtsausdrücke besser zu unterscheiden, kann auch ohne formalisiertes Training geübt werden. Machen Sie sich bewusst, wie die typischen Gesichtsausdrücke bei verschiedenen Emotionen aussehen – die folgenden Abbildungen aus dem Trainingsprogramm können Ihnen dabei helfen. Jedes dieser Bilder repräsentiert eine der sechs wichtigsten Emotionen in überdeutlicher Form, sodass man besonders gut sieht, welche Gesichtszüge für das jeweilige Gefühl charakteristisch sind. Zur Übung beobachten Sie gezielt die Gesichter von Gesprächspartnern, Schauspielern oder einfach von Leuten im Café. So sensibilisieren Sie sich immer mehr, bis Sie die tatsächlichen Emotionen erkennen – und anhand des Gesichtsausdrucks beurteilen können, wie sich der Beobachtete eigentlich fühlt.

Wenn Sie darin relativ sicher sind, achten Sie auf den Gesichtsausdruck vermeintlicher Lügner im entscheidenden Moment, etwa wenn es um das kritische Thema geht, oder wenn Sie gerade eine Reflexfrage gestellt haben – also eine Anschuldigung erhoben haben, die nur der Lügner als solche er-

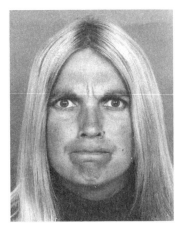

Wut

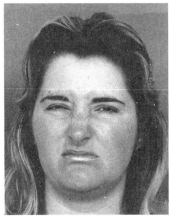

Ekel

Freude

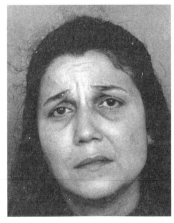

Trauer

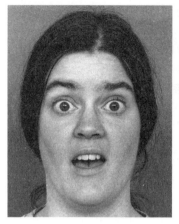 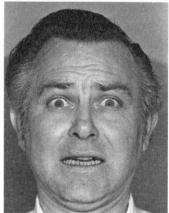

Überraschung   *Angst*

kennt, zum Beispiel: »Gestern gut geschlafen?« (siehe Kapitel I: Verhaltensänderung). Wenn Sie nun für den Bruchteil einer Sekunde die Emotion Angst erkennen, haben Sie den Lügner entlarvt – bevor er auch nur den Mund geöffnet hat.

Emblems: *das körperliche Äquivalent*

Auch die Körpersprache verrät etwas über die wahren Hintergedanken des Gesprächspartners – und zwar über Mikro-Bewegungen, von Ekman *Emblems* genannt. In jeder Kultur existieren Gesten, die etwas Bestimmtes ausdrücken, etwa das Kopfschütteln für »Nein« oder – ein wenig komplexer – die Geste für »keine Ahnung«: ein Zucken mit den Schultern, kombiniert mit geöffneten Handflächen und hochgezogenen Augenbrauen.

Häufig verraten sich Lügner durch solche Gesten – ganz unbewusst, wie schon bei den Mikro-Ausdrücken. Anders als die Mikro-Ausdrücke, die kurz, aber doch vollständig sichtbar sind, werden die *Emblems* typischerweise unvollständig ausgeführt. Wenn die neunzehnjährige Ivana den Heiratsantrag des vierzig Jahre älteren Currywurst-Königs vom Pott unehrlich mit »Ja, gerne!« beantwortet, führt sie die Geste des Achselzuckens möglicherweise nur zum Teil aus: etwa mit einem angedeuteten Zucken der Schultern oder lediglich mit hochgezogenen Augenbrauen. Wie auch immer die genauen Fragmente im Einzelfall aussehen; wesentlich ist, dass die Geste unbewusst und meist nur teilweise gezeigt wird. Dabei ist es natürlich umso einfacher, die Körpersprache korrekt zu entschlüsseln, je weiter eine Geste ausgeführt wird. Bloßes Hochziehen der Augenbrauen kann durchaus schwierig zu deuten sein, das Heben der Schultern ist schon etwas klarer.

Wir alle kennen die typischen Gesten unseres Kulturkreises und ihre jeweilige Bedeutung. Zum Beispiel:

Kopfschütteln → Ablehnung
Schulterzucken → Unentschlossenheit
Zähne zusammenbeißen → Verärgerung
Fäuste ballen → Zorn
Augen rollen → Genervt sein

Achten Sie also immer darauf, ob eine angedeutete Geste Ihres Gesprächspartners nicht mit dem Gesagten zusammenpasst – solche »Ausrutscher« passieren häufiger, als man gemeinhin denkt.

Fazit

Lügner können nicht alle ihre Kommunikationskanäle gleichzeitig kontrollieren, sodass zwangsläufig Disharmonien im Verhalten auftreten. Manche Menschen spüren instinktiv, wenn etwas nicht stimmt. Das ist schön und gut, aber wenn man wirklich wissen will, was Sache ist, sollte man systematisch vorgehen.

Zuverlässige Informationen über die Täuschung liefert vor allem das Gesicht. Künstliche Gesichtsausdrücke stellen ein klares Warnsignal dar. Achten Sie besonders auf Asymmetrie: Rechte und linke Gesichtshälfte widersprechen sich, oder obere und untere befinden sich nicht im Einklang. Weitere Hinweise sind Gesichtsausdrücke, die erst nach der entsprechenden Äußerung einsetzen, sowie Emotionen, die zu lang oder zu intensiv demonstriert werden beziehungsweise zu schnell wechseln.

Das künstliche Lächeln ist ein Paradebeispiel für all diese Faktoren: Es ist asymmetrisch – der Mund lächelt, nicht aber die Augen –, es erscheint zu früh oder zu spät und hält häufig unnatürlich lange an.[7] Lügner setzen das künstliche Lächeln als universelle Maske ein, um andere Emotionen zu verbergen – weshalb es besonders wichtig ist, dieses falsche Lächeln zu erkennen.

Will man wissen, was der Lügner wirklich denkt, muss man auf Mikro-Ausdrücke und *Emblems* achten: Gesichtsausdrücke, die nur für Sekundenbruchteile zu sehen sind, und Gesten, die lediglich im Ansatz ausgeführt werden. Sie weisen nicht nur auf die Täuschung hin, sondern geben Aufschluss über das tatsächlich Gefühlte.

Wenn man Disharmonien entdecken will, darf man eine Grundregel nicht vergessen: Der vermeintliche Lügner muss sehr genau beobachtet werden, da Unstimmigkeiten verschwindend kurz und oft nur in minimaler Ausprägung auftreten. Besonders gut muss man aufpassen, bevor sich das Gegenüber zum entscheidenden Thema äußert und nachdem man eine Reflexfrage gestellt hat.

Da der ganze Körper Hinweise auf die wahren Hintergedanken des anderen bieten kann, ist es außerordentlich wichtig, die Gesprächspartner immer möglichst komplett zu sehen. Machen Sie es sich zur Gewohnheit, sich bei allen wichtigen Gesprächen – ob im Privatleben oder bei Meetings – so hinzusetzen, dass Sie alle Gesprächsteilnehmer im Blick haben. So können Sie sowohl über Gesten mit Verbündeten kommunizieren, als auch – etwa bei einer schwierigen Verhandlung – die andere Seite richtig einschätzen. Übrigens sollten auch Richter ganz selbstverständlich sichergehen, dass sie die Prozessparteien gut sehen können – was teilweise grob vernachlässigt wird.

Bisher ging es um Einzelaspekte, um Gesichtsausdrücke und Gesten. Doch die Disharmonien machen dort nicht halt – sie greifen auf das gesamte Verhalten des Lügners über.

Eine Disharmonie kann beispielsweise auch im Timing liegen. Wer etwas Wichtiges in einem Nebensatz versteckt, hat meist etwas zu verbergen: »Übrigens, wie es aussieht, muss ich die nächsten zwei Wochenenden arbeiten.« Ohne schlechtes Gewissen hätte man die Situation angemessen erklärt, statt die Information auf diese Weise ins Gespräch zu »schmuggeln«. Diese Methode wird von findigen Vorständen gerne bei der jährlichen Hauptversammlung des Unternehmens angewandt: Entscheidende Änderungen von Statuten werden erst ganz am Ende absichtlich ermüdender Reden erwähnt.

Lügner verhalten sich oft unpassend zur Situation: Sie lachen ohne erkennbaren Anlass, sind häufig ausgesprochen freundlich und versuchen, dem Belogenen zu »helfen«, obwohl es keinen besonderen Grund dafür gibt. Ein Verhörexperte berichtet von einem (schuldigen) Sexualstraftäter, den er mit mehreren Beamten überraschend zum Verhör abholte. Der Verdächtige begrüßte die Beamten mit einem freundlichen Lächeln, fragte nicht weiter nach und sagte gleich freudig, dass er nur noch seine Autoschlüssel holen müsse. Dieses scheinbar entgegenkommende Verhalten stand im völligen Widerspruch zur ernsten Situation: Welcher Unschuldige würde Polizisten, die ihn aufs Revier bringen wollen, schon derart freundlich empfangen? Vielmehr würde ein Unschuldiger konsterniert nachfragen, worum es denn überhaupt ginge.

Es lohnt sich also, überall nach Unstimmigkeiten Ausschau zu halten. Selbst ein perfekter Schauspieler, der ein tadelloses Pokerface bewahrt, wird sich an irgendeinem Punkt verraten – vielleicht passt ja gerade das Pokerface nicht zum Rest? Es gibt eben keinen Pokerkörper, keine Pokerworte, keine Pokerstimme und vor allem keinen Pokermenschen. Ein Mensch kann sich nicht vollkommen abschotten – und das ist unsere Chance.

Das Wunderbare am Prinzip der Disharmonie ist, dass man den vermeintlichen Lügner nicht näher kennen muss – man muss nur genau hinschauen. Wer weiß, worauf man achten muss, wird das verborgene Ringen des Lügners im Zwiespalt zwischen Schein und Wirklichkeit erkennen.

Disharmonien

Unstimmigkeiten in Gesichtsausdruck, Körpersprache und Verhalten des Lügners

Künstlicher Gesichtsausdruck:
- Asymmetrisch (rechts – links, oben – unten)
- Falsche Reihenfolge (Gesichtsausdruck folgt Worten)
- Dauer (Gesichtsausdruck hält zu lange an)
- Wechselbad der Gefühle
→ Zum Beispiel: künstliches Lächeln, anhaltende Überraschung

Die wahren Gefühle des Lügners:
- Mikro-Ausdrücke: kurzer, unwillkürlicher Gesichtsausdruck
- *Emblems:* kurze, meist nur teilweise ausgeführte Gesten

Die Abenteuer des »Frauenflüsterers« – Heiratsschwindel auf höchstem Niveau

Helg Sgarbi, der Mann mit den traurigen Augen, erzählt die Geschichte immer wieder: Es sei ein Unfall gewesen, er habe ein Kind angefahren – und zwar ausgerechnet das Kind eines Mafioso. Dieser fordere nun zehn Millionen Euro von ihm, um die Sache aus der Welt zu schaffen. Er könne aber nur drei Millionen in bar aufbringen ... Dabei habe ihm der Mafioso sehr deutlich gemacht, welche Konsequenzen ihm drohen, wenn er nicht zahlt.

Dies war eine der vielen Lügengeschichten des wohl berühmtesten Gigolos der Gegenwart: ein »Frauenflüsterer«, wie ihn die Presse nannte – oder auch »Heiratsschwindler« und »Erpresser«, wie ihn die Juristen nennen.

Geboren 1965 in eine Familie der Schweizer Mittelschicht, Soldat, Dolmetscher, Bankangestellter. Wie schon seine Hochstaplerkollegen überzeugt Sgarbi mit tadellosen Manieren und weltmännischem Auftreten – auf seiner Visitenkarte steht »Sonderberater der Schweiz für Krisengebiete«. Auf diese Tour umgarnt er eine achtzigjährige Comtesse, die jahrelang im legendären Hôtel de Paris in Monte Carlo wohnt. Trotz der über vierzig Jahre Altersunterschied hat die Dame wieder Schmetterlinge im Bauch, schenkt Sgarbi großzügige Summen und ihren prächtigen Siegelring. Diesem ersten Opfer folgen zahlreiche weitere, insgesamt erschwindelt und erpresst er knapp 10 Millionen Euro.

In einer Parkgarage händigt ihm die reichste Frau Deutschlands einen Koffer mit 7,5 Millionen Euro in 200-Euro-Noten aus – für das angebliche Mafiakind. Freilich sieht sie das Geld nie wieder. Erst nach einem Erpressungsversuch wegen pikanter Bilder wird Sgarbi schließlich im Jahr 2008 verhaftet.

Sein letztes Opfer berichtet, was ihn all die Jahre so überzeugend gemacht hat: »Sgarbi wollte immer über seine Geschichte reden, über sein bemitleidenswertes Leben, seine Schwierigkeiten.« Und: »Seine Beschreibung war immer klar, und er blieb bei derselben Version.«

»Der Mann mit den traurigen Augen« war so atemberaubend erfolgreich, weil er eine der entscheidenden Schwächen der Täuschung zu seinem Vorteil nutzte ...

*»Oh welches wirre Netz wir weben,
wenn wir die Welt zu täuschen streben!«*

Sir Walter Scott

IV. Stressanzeichen

Die Lüge ist geistig anspruchsvoll: Die Wahrheit zu sprechen fällt leicht, sie zu unterdrücken erfordert eine besondere Anstrengung.[1] Der Lügner muss ständig überlegen, welche Fakten er nicht erwähnen darf. Zusätzlich muss er sich eine Geschichte ausdenken, die er immer vor Augen hat und konsequent vertritt, eine möglichst plausible und widerspruchsfreie Geschichte natürlich – genau hier lag das Talent des Jahrhundertheiratsschwindlers Helg Sgarbi.

Die Intelligenzquotienten erfolgreicher Hochstapler und Heiratsschwindler zeigen immer wieder, dass intelligente Menschen, besonders sprachlich versierte, die begnadeteren Lügner sind – kein Wunder angesichts der hohen geistigen Anforderungen, die eine gut durchdachte und durchgeführte Lüge stellt. Wer lügt, darf nie aus der Rolle fallen. Anders als der Ehrliche hält er seine Glaubwürdigkeit nicht für selbstverständlich und bemüht sich daher besonders, ehrlich zu wirken. Deshalb beobachtet der Lügner den Belogenen auch unablässig, um zu erkennen, ob dieser ihm glaubt.

Wozu führt dieses ununterbrochene Nachgrübeln? Kurz gesagt: zu immensem Stress. Stress entsteht unmittelbar aus gedanklicher Anstrengung (*cognitive load*) – wer sich pausenlos neu orientieren muss, ist gestresst. Für viele Psychologen ist Stress damit das entscheidende Mittel zum Entlarven von Lügen. Wenn Polizisten, Soldaten, Agenten oder Zollbeamte für effektive Verhöre ausgebildet werden, lernen sie vor allem Techniken, um den Stress des Befragten zu erhöhen. Glücklicherweise können Sie auch im Alltag auf diese Technik zurückgreifen.

Sobald Sie sich bewusst gemacht haben, dass Sie auf Stressmerkmale achten müssen, wird es Ihnen nicht schwerfallen, diese auch zu erkennen. Und sollte es einem Lügner doch einmal gelingen, seine Anspannung zu überspielen, lassen sich die typischen Stresssymptome leicht erhöhen, wie es gerade in professionellen Verhören üblich ist. In diesem Kapitel werden zahlreiche Techniken aus der polizeilichen und geheimdienstlichen Praxis vorgestellt – von Polizei bis CIA –, die alle dasselbe Ziel verfolgen: den Befragten zusätzlich unter Stress zu setzen. Zuerst werden aber die typischen Anzeichen für Stress erläutert – damit man auch zweifelsfrei merkt, wann beim Gegenüber die innerliche Anspannung einsetzt.

Magnetresonanztomographie (auch: Kernspintomographie)

Die Magnetresonanztomographie (MRT) gibt uns einen guten Einblick in die neuronalen Prozesse, die beim Lügen ablaufen. Sie basiert auf der Annahme, dass durch die besondere Anstrengung beim Lügen gewisse Teile des Gehirns aktiver sind als sonst, insbesondere die höheren Hirnregionen, die für gedankliche Tätigkeiten wie Konfliktlösungen zuständig sind. Schließlich befindet sich der Lügner im ständigen Konflikt zwischen Wahrheit und Lüge.

So faszinierend diese Theorie auch klingt, so ernüchternd fielen die Ergebnisse der wissenschaftlichen Überprüfung aus: Es stellte sich heraus, dass es nicht den *einen* Teil des Gehirns gibt, der für das Lügen zuständig ist. Vielmehr wechselt der aktivierte Gehirnteil in Abhängigkeit von den beteiligten Personen, der Situation und dem, was auf dem Spiel steht.[2]

Die Methode der Magnetresonanztomographie ist daher kein bisschen zuverlässiger als der klassische Lügendetektor. Noch dazu ist das Grundproblem dasselbe: Hirnaktivitäten kann man, wie schon körperliche Veränderungen, relativ problemlos feststellen – sie richtig zuzuordnen, ist eine ganz andere Sache.

Typische Anzeichen von Stress

Die Bedeutung von Stimme und Sprache

Worauf richten Sie Ihr Augenmerk, wenn Sie vermuten, dass Ihr Gegenüber lügt? Wahrscheinlich auf die Körpersprache des anderen – so verfahren jedenfalls die meisten Menschen, da sie glauben, dass die Körpersprache nicht bewusst kontrolliert wird.[3] Verhörleitfäden für Polizisten, Soldaten und Agenten verlegen sich entsprechend fast ausschließlich auf die Körpersprache und vernachlässigen verbale Faktoren. Dabei war schon dem napoleonischen Diplomaten Charles de Talleyrand klar, in welch engem Zusammenhang die Sprache mit der Lüge steht: »Die Sprache ist dem Menschen nur gegeben, damit er seine Gedanken besser verhüllen kann.« Die psychologische Forschung brauchte etwas länger: Sie kam erst in den Siebzigerjahren darauf, dass es da eine direkte Verbindung geben könnte ...

Achtet man nur auf die Körpersprache, entlarvt man unterdurchschnittlich schlecht. Konzentriert man sich dagegen lediglich auf die Stimme, erkennt man Lügen besser als der Durchschnitt. Am Telefon sind die meisten Menschen treffsicherer als im persönlichen Gespräch. (Allerdings muss man dazu sagen, dass am Telefon auch häufiger gelogen wird, da man weniger Schuld und Angst empfindet, wenn man dem anderen nicht in die Augen blicken muss.[4])

Wie die beiden Kommunikationsforscher John E. Hocking und Dale Leathers herausfanden, ist die Stimme, genau wie das Gesicht, direkt mit dem Teil des Gehirns verbunden, der für Gefühle zuständig ist – weshalb es gerade in Stresssituationen extrem schwerfällt, die Stimme zu kontrollieren. Daher kann es sogar hilfreich sein, im Gespräch mit einem vermeintlichen Lügner die Augen zu schließen, um sich voll und ganz auf die Sprache zu konzentrieren. So nimmt man Indizien wie eine erhöhte Stimmlage und auffälliges Zögern selbst in kleinsten Nuancen wahr.

Extrovertierte – Introvertierte

Die Persönlichkeitspsychologie unterscheidet zwischen extrovertierten und introvertierten Menschen: Extrovertierte verfügen über einen eher nach außen gewandten Charakter – sie sind auf ihre Außenwirkung bedacht, aktiv, gesprächig und bestimmt. Außerdem lügen sie häufiger und auch besser als Introvertierte. Abgesehen davon, dass sie sich beim Lügen weniger bewegen als sonst, verraten sie sich kaum durch äußerliche Anzeichen.[5]

Introvertierte sind tendenziell nach innen gewandt – sie verhalten sich still, reflektiert und zurückgezogen und legen weniger Wert auf ihre Außenwirkung. Nur selten greifen sie auf Lügen zurück, selbst auf die sogenannten »Notlügen«; ein Grund, weshalb sie teils als gesellschaftlich unbeholfen angesehen werden. Bezichtigt man introvertierte Menschen der Lüge – ob zu Recht oder nicht –, zeigen sie sehr ausgeprägte Angstsymptome, sodass sie von ungeschulten Beobachtern häufig zu Unrecht verdächtigt werden. Dabei gibt es sogar ein echtes Indiz dafür, wann ein Introvertierter – ausnahmsweise – tatsächlich gelogen hat: Statt Angst zeigt er vor allem Stressmerkmale – er spricht stockend und langsamer und legt häufig längere Pausen ein.[6]

Wenn man einschätzen kann, welcher Gruppe das Gegenüber eher zuzuordnen ist, weiß man, auf welche Hinweise man bevorzugt achten sollte – und wie viel Misstrauen eventuell angebracht ist.

Hohe Stimme

Besonders bezeichnend ist die hohe Stimme des Lügners: Die meisten Menschen (etwa 70 %) sprechen in einer höheren Stimmlage, wenn sie aufgeregt sind.[7] Der amerikanische Verhörexperte Christopher Dillingham stellte fest, dass dies besonders ausgeprägt ist, wenn Verdächtige ihre Unschuld beteuern; bei Jugendlichen und Frauen verändert sich die Stimme zudem in höherem Maße.

Zögern

Viele Menschen glauben: Wer lügt, stottert und stammelt. Doch damit liegen sie falsch; tatsächlich sprechen Lügner sehr klar und deutlich, was daran liegt, dass sie ihre Worte genau überlegen und abwägen. Dieses Nachdenken führt allerdings zu Verzögerungen: Ein von Albert A. Harrison durchgeführtes Experiment hat gezeigt, dass unehrliche Antworten deutlich verzögert gegeben werden. Schließlich ist ein komplexes Lügengeflecht äußerst fordernd – der Lügner muss seine Äußerungen bis ins Letzte durchdenken.

Auf zögerliches Sprechen zu achten, ist eine der ganz wenigen wirksamen Techniken, die selbst ungeschulte Beobachter instinktiv anwenden, um Lügen zu entlarven. Das wiederum wissen hervorragende Lügner – und versuchen daher, ihr Zögern zu minimieren.

Erwarten Sie daher nicht, dass Ihr Gegenüber ständig pausiert; ein Lügner zögert nicht unbedingt häufiger als ein Ehrlicher, aber wenn er zögert, zögert er länger. Außergewöhnlich lange Pausen stellen daher ein echtes Warnsignal dar, wenn es um kritische Themen geht – vor allem vor einer wichtigen Antwort.[8] Der schottische Schriftsteller Robert Louis Stevenson hatte ganz recht, als er schrieb: »Die grausamsten Lügen werden oft im Stillen gesagt.«

Auffälliges Nachdenken ist derart bezeichnend für die Lüge, dass sich der Wahrheitsfinder vor allem eine Frage stellen muss, wenn er den vermeintlichen Lügner beobachtet: »Denkt er angestrengt nach?« Allein mit dieser Frage gewappnet, schneiden Testpersonen deutlich besser ab, als wenn sie ohne vorherige Schulung beurteilen sollen, ob jemand lügt. Übrigens zögern Lügner nicht nur länger als Ehrliche, sie sprechen auch insgesamt langsamer. Dadurch erwecken sie aber erst recht den Eindruck, dass sie angestrengt nachdenken und jede Äußerung kontrollieren.[9] Kurz: Sie sind gestresst.

Hat der Verdächtige schon sein zehntes Verhör hinter sich, muss er selbstverständlich nicht mehr so viel über seine Antworten nachgrübeln. Die Chancen, einen Lügner zu entlarven, stehen daher bei der ersten Befragung am besten.

Wiederholungen

»Wo ich gestern Abend war?«, »Wer? Ich?«, »Ob ich das Geld gestohlen habe?« Derartige Reaktionen auf Fragen lassen Verhörexperten hellhörig werden. Bei einer Analyse von Geständnissen im Auftrag der US-Regierung fand die Psychologin Martha Davis heraus, dass Wiederholungen von Worten oder ganzen Sätzen tatsächlich typische Anzeichen der Lüge sind. Oder wie der chinesische Philosoph Lao Tse schrieb: »Die Wahrheit kommt mit wenigen Worten aus.«

Das Wiederholen einer klaren Frage hat den gleichen Zweck wie das Zögern: Zeit zum Nachdenken zu schinden. Wer eine rhetorische Frage nachschiebt, obwohl er mit Sicherheit verstanden hat, was man meint, verhält sich überaus verdächtig.

Der US-Verhörexperte Jef Nance katalogisierte in jahrelanger Praxis eine Reihe von typischen Verzögerungstaktiken, die Lügner immer wieder anwenden. Der Schwindler ...

- ... wiederholt die Frage (»Ob ich das Geld gestohlen habe?«)
- ... bittet darum, dass die Frage wiederholt wird, obwohl er sie ganz klar gehört hat (»Was?«, »Wie bitte?«)
- ... stellt eine sinnlose Gegenfrage (»Was meinen Sie?«, »Wer? Ich?«, »Wie meinen Sie das?«)

Doch statt Zeit zu gewinnen, um die Lüge zu bedenken, verrät sich der Befragte dem geschulten Beobachter durch solche Ausflüchte umso schneller.

Voice Stress Analysis

Drei ehemalige US-Army-Offiziere, Alan Bell, Bill Ford und Charles McQuiston, gründeten nach ihrer Pensionierung das Unternehmen Dektor Counterintelligence and Security. Bell war ein Fachmann für Spionageabwehr, Ford war Elektroniker und McQuiston war auf die Arbeit mit dem Lügendetektor spezialisiert. Gemeinsam entwickelten sie den *Psychological Stress Evaluator* (PSE 1): ein Gerät, mit dem man die menschliche Stimme aufzeichnen, circa dreifach verlangsamt abspielen und schließlich auf Veränderungen analysieren kann. Die drei Firmengründer hatten auch ein öffentlichkeitswirksames Ergebnis in petto: Lee Harvey Oswald habe nach der Stimmanalyse seiner Aussage die Wahrheit gesprochen – und sei somit unschuldig am Tod von John F. Kennedy.

Bei dieser mittlerweile als *Voice Stress Analysis* bekannten Methode lautet der vertraute Grundgedanke, dass Lügner mehr Stress fühlen als Ehrliche. Ein entscheidender Vorteil dieses neuartigen Lügendetektors ist zudem, dass man ihn ohne viel Aufwand anwenden kann – nur leider hält auch diese Technik der wissenschaftlichen Überprüfung nicht stand, wie der Mainzer Psychologe Matthias Gamer feststellte: Die Methode, so fand er heraus, funktioniert nicht besser als der reine Zufall. (Anders könnte es aussehen, wenn man auch hier den Tatwissenstest anwenden würde.)

Eine bezeichnende Anekdote: Vor einigen Jahren bot die israelische Firma Trusttech ein Gerät an, mit dem man eine derartige Stimmanalyse durchführen konnte. Trusttech versprach eine Entlarvungsrate von 85 %. Findige Journalisten testeten das Wunderding kurzerhand am Vertreter der Firma, den sie fragten, ob das Gerät tatsächlich funktioniere. Er antwortete mit »Ja« – was der eigene Lügendetektor als Lüge einstufte.

Ein Paradoxon: Funktionierte das Gerät, hätte es das »Ja« nicht als Lüge deuten dürfen. Funktionierte es nicht, hätte es den Verkäufer nicht als Lügner hingestellt. Die einzig logische Erklärung wäre noch, dass es funktionierte, der Mitarbeiter aber nicht daran glaubte – keine gute Alternative. Für das Image des Unternehmens war dieser Testverlauf jedenfalls nicht besonders förderlich.

Für ähnlich unterhaltsame, aber wenig zuverlässige Entlarvungsorgien bietet der Internet-Telefondienst Skype mittlerweile die Applikation *KishKish Lie Detector* an, mit der man beim Skypen die Ehrlichkeit des Gesprächspartners überprüfen kann. Bleibt zu hoffen, dass an den Ergebnissen keine langjährigen Freundschaften in die Brüche gehen ...

Körperliche Stressanzeichen: Blinzeln und Rituale

Wenn Menschen unter Druck stehen, verändert sich nicht nur ihr Sprechen. Vielmehr zeigen sie auch körperliche Reaktionen: Sie blinzeln häufiger und fallen in alte Rituale zurück.

Zugegeben, es gibt einige Gründe, weshalb man häufiger blinzeln könnte – beispielsweise Allergien, trockene Luft oder Kontaktlinsen. Doch wenn diese Gründe beim vermeintlichen Lügner nicht greifen, wenn sein ständiges Blinzeln also von seinem Normalverhalten (von der Baseline) abweicht, kann es gut sein, dass er Märchen erzählt.

Entgegen der landläufigen Auffassung nimmt das Blinzeln bei gedanklicher Anstrengung zwar erst mal ab – dafür blinzelt man aber nach der Anstrengung häufiger.[10] Daher tritt das verstärkte Blinzeln des Unehrlichen eher unmittelbar nach der Lüge beziehungsweise nach dem Verschweigen einer entscheidenden Information auf. Wenn jemand plötzlich eigenartig oft mit den Wimpern klappert, hat er gerade aus irgendeinem Grund sehr genau über seine Worte nachgedacht – und möglicherweise gelogen.

Nicht nur Kinder, auch Lügner brauchen Rituale. Jedenfalls wenn man Verhörexperten wie Gregory Hartley von der US-Army glaubt. Er vertritt die Meinung, dass Menschen bei Stress mit einem individuellen Ritual reagieren. Viele greifen dabei auf Rituale aus ihrer Kindheit zurück – allerdings fallen diese häufig etwas abgeschwächt aus: Der ehemalige Daumenlutscher drückt jetzt vielleicht den Daumen ans Kinn, der notorische Fußwipper bewegt nun seine Zehen im Schuh. Auch andere Rituale sind denkbar; so könnte man zum Beispiel stressbedingt in zwanghaftes Fressen verfallen.

Wozu der ganze Aufwand? Nun, Stress hat keiner gern, weshalb man gerade in stressigen Lebenslagen versucht, Vertrautheit und Geborgenheit herzustellen – etwa durch Rituale, die man seit jeher kennt. Je stressiger die Situation und je fremder die Umgebung, desto stärker treten die Rituale auf. Verhörexperten erhöhen daher gezielt den Druck auf die Befragten, um diese Rituale noch deutlicher hervortreten zu lassen.

Techniken der Stresserhöhung

Nein, Geheimdienstler sind nicht gerade liebenswürdig, wenn es darum geht, aus einem Verdächtigen die Wahrheit herauszukitzeln: Die Befragten werden permanent gestresst. Sie dürfen mit niemandem außer dem Verhörenden sprechen. In ihren Zellen sind sie isoliert – eine besonders harte Maßnahme, da verängstigte Menschen ein gesteigertes Bedürfnis haben, mit anderen zu reden. Kann man die Prinzipien dieser grausamen Methoden tatsächlich auf den Alltag übertragen? Tatsächlich, man kann – und zwar ohne moralische Grenzen zu überschreiten.

Stressige Situationen

Um die erste Technik anzuwenden, muss man wahrlich keine finsteren Hintergedanken hegen – es genügt, den richtigen Zeitpunkt für das Gespräch mit dem Verdächtigen abzupassen.

Die Grundregel lautet: Je größer der Stress, desto leichter sind die entsprechenden Anzeichen zu erkennen. Wenn man den vermeintlichen Lügner in einer Situation befragt, in der seine Konzentration bereits relativ stark gefordert ist, etwa beim Autofahren oder beim Kochen, wird der Ehrliche immer noch ohne Probleme antworten, der Lügner aber doppelt gestresst sein: Durch die zweifache Belastung wird er nicht nur schlechter lügen, sondern auch bei der anderen Aktivität schlechter abschneiden als sonst.[11] Konfrontiert man einen passionierten Hobbykoch in Ausübung seiner Lieblingstätigkeit mit einer Anschuldigung, darf man es durchaus als Indiz für seine Unehrlichkeit werten, wenn danach die Suppe versalzen ist. Gleiches gilt, wenn der Befragte plötzlich miserabel Auto fährt.

Vor allem aber gelingt es dem Lügner bei erhöhtem Stress nicht mehr, die typischen Stressanzeichen zu überspielen: Er kann nicht mehr darauf achten, keine Pausen vor seinen Sätzen zu machen, da er einfach nicht über genügend gedankliche Ressourcen verfügt – gut für uns, denn das Entlarven fällt nun relativ leicht.

Der Fall Nosenko

Der hochrangige KGB-Agent Juri Iwanowitsch Nosenko nahm 1962 – mitten im Kalten Krieg – Kontakt zur CIA auf: Angeblich wollte er überlaufen. Die CIA aber wusste nicht, ob ihm zu trauen war – und wandte schließlich mehr als kreative Methoden an, um an die Wahrheit zu kommen. Nachdem Nosenko nach Washington gebracht worden war, unterzog man ihn erst mal einem vermeintlichen Lügendetektortest, der allerdings nur Theater war. Man warf ihm vor, dass er log, legte ihm Handschellen an und verfrachtete ihn in ein Auto. Dann brachte man ihn in ein Haus in einem Vorort von Washington, wo er auf dem Dachboden in einen Käfig gesperrt wurde.

Von nun an bemühte sich die CIA nach Kräften, Nosenkos Realitätssinn außer Kraft zu setzen und ihn seiner Orientierung zu berauben. Uhren wurden unablässig umgestellt, das Licht wurde manipuliert, Weckzeiten ständig geändert, Mahlzeiten zu den sonderbarsten Zeiten serviert, unmittelbar nacheinander oder in sehr großen Intervallen. Noch dazu war es auf dem Dachboden im Sommer sehr heiß, im Winter sehr kalt.

Um dem Wahnsinn zu entfliehen, bastelte sich Nosenko ein Schachspiel aus Kleiderfusseln, mit dem er Partien gegen sich selbst spielen konnte – ähnlich dem Häftling in Stefan Zweigs *Schachnovelle*. Die Wachen bemerkten es, konfiszierten die »Figuren« und tauschten seinen Baumwollanzug gegen einen aus Nylon aus. Als Nosenkos Zähne zu faulen begannen, durfte er sich die Zähne putzen. Da entdeckte er auf der Zahnpastaschachtel eine Beschreibung der Inhaltsstoffe – und steckte sie sofort ein, um den Text gegen die Langeweile immer und immer wieder zu lesen. Aber auch diesmal kamen ihm die Wachen auf die Schliche, sodass er seine »Lektüre« bald los war.

Bei Befragungen bekam Nosenko sogenannte Wahrheitsdrogen verabreicht und wurde sämtlichen bekannten Verhörmethoden unterzogen – und trotzdem wusste die CIA nicht zwischen Wahrheit und Lüge zu unterscheiden. Alles, was ihre barbarischen Aktionen brachten, war völlige Unsicherheit – Nosenko gestand schließlich alles, was die CIA-Agenten seiner Auffassung nach hören wollten.

Nach insgesamt fünf Jahren schrieb der verantwortliche CIA-Agent einen langen Bericht über Nosenko: Er kam zu dem Schluss, dass dieser log, und erhielt einen Orden dafür. Die gleiche Auszeichnung wurde kurz darauf seinem Nachfolger überreicht – dafür, dass er das Gegenteil festgestellt hatte.

Im Oktober 1967 wurde Nosenko schließlich freigelassen. Er bekam eine Stelle bei der CIA und durfte Vorlesungen für neue Rekruten halten. Sein Gehalt wurde ihm rückwirkend für die Zeit seit 1962 ausgezahlt. Dass Nosenkos Sympathien für seinen Arbeitgeber unterdurchschnittlich niedrig waren, ist wahrscheinlich. Trotzdem lebte er bis zu seinem Tod im Jahr 2008 in den USA.

So menschenunwürdig diese systematische Grausamkeit auch erscheint, wurde aus mittlerweile veröffentlichten Dokumenten ersichtlich, dass der Geheimdienst vor allem aus einem Grund so und nicht anders handelte: Die CIA war schlicht ratlos – und versuchte daher alles, was irgendeine Wirkung haben könnte, von Demütigung über Isolation bis zu Desorientierung. Doch diese Methoden sind nicht nur grausam, sondern noch dazu überaus unzuverlässig.

Immer weiter fragen

Wissen Sie, was ein »menschliches Maultier« ist? Jemand, der über ein Kilogramm Kokain – verpackt in etwa hundert kleine Latexhüllen, Kondome oder gar in Frischhaltefolie –

in seinem Magen über Grenzen schmuggelt. Der Verdauungstrakt wird für diese Zeit mit entsprechenden Tabletten lahmgelegt, doch das Risiko ist trotzdem immens: Platzt auch nur eine der Hüllen, ist der Kurier sofort tot. Gleichzeitig stehen die Zollbeamten vor einem praktisch unlösbaren Problem: Drogenspürhunde können nicht in den Menschen hineinriechen, und nicht jeder Passagier kann durch ein Röntgengerät geschickt werden. Was tun?

Am 24. November 2009 berichtet die *Süddeutsche Zeitung* von einem Fall, in dem die Enttarnung eines derartigen Drogenkuriers gelang. Der Schlüssel lag im Verhör des Verdächtigen. Auf die Nachfrage der Zollbeamten meinte der Schmuggler, er wolle seinen kranken Vater in Spanien besuchen – doch während er seine Geschichte zum Besten gab, wurde er zusehends nervös. Offensichtlich war der Mann gestresst, was die Beamten aufhorchen ließ. Sie bohrten immer weiter nach – mit Erfolg, denn schließlich verrannte sich der Kurier völlig, und bei der Frage nach dem Namen des Krankenhauses, in dem sein Vater läge, war er mit seinem Latein am Ende.

Eine endlose Befragung zu ein und demselben Thema ist keine Schikane: Im Idealfall verheddert sich der Lügner im Netz seiner Schwindeleien, sodass die Lüge offensichtlich wird – eine klassische Technik. Nicht umsonst kennt jeder Filmfreund Verhörszenen, die sich über Tage, teils über Wochen hinziehen. Schon Martin Luther schrieb: »Eine Lüge ist wie ein Schneeball; je länger man ihn wälzet, je größer er wird« – bis er gar den Lügner überrollt.

Der Lügner hat sich eine Geschichte ausgedacht und sich dabei Antworten auf alle möglichen Fragen zurechtgelegt. Stellt man ihm aber sehr viele Fragen, werden auch solche dabei sein, mit denen er nicht gerechnet hat. Auf einmal ist er gezwungen, sich etwas Neues auszudenken, das wiederum zur vorherigen Geschichte passen und dem Ziel der Lüge dienlich sein muss. Der britische James-Bond-Darsteller Roger Moore sagte dementsprechend einmal: »Ich gebe ungern Interviews, da es mir immer Schwierigkeiten bereitet, mich an die Lügen zu erinnern, die ich beim letzten Mal erzählt habe.« Je detaillierter gefragt wird, desto höher ist die Wahrscheinlichkeit, dass der Lügner sich irgendwann verrät: entweder über Unstimmigkeiten im Inhalt seiner Aussagen oder über Stressanzeichen, die schließlich unübersehbar werden.

Will man den Lügner durch konstantes Nachfragen in die Enge treiben, ist es vor allen Dingen wichtig, ihn erst einmal ausreden zu lassen: Schließlich soll er zunächst all seine vorbereiteten Lügen loswerden, damit er sich bei weiteren Fragen etwas Neues, Passendes ausdenken muss. Um nach einer Antwort nachzuhaken, genügt es, ein simples »Tatsächlich?« einzuschieben: Jetzt muss der Lügner seine Lüge wiederholen – und darf sich dabei nicht widersprechen, was besonders schwierig ist, weil er die Antwort neu formulieren muss.

Dabei sollte man auch Fragen, die in dieselbe Richtung gehen, stets neu formulieren – denn auf die wortwörtliche Wiederholung einer Frage reagieren Menschen schon instinktiv mit einer anderen Antwort, ob sie lügen oder nicht.[12] In einem Experiment wurden Kinder zu ihren Spielzeugen befragt: Wenn ihnen zweimal genau die gleiche Frage gestellt wurde, unterschied sich die zweite Antwort häufig von der ersten, weil sie dachten, dass die erste Antwort falsch gewesen sein musste. So sind wir erzogen: Eltern und Lehrer wiederholen ihre Fragen nur, wenn die erste Antwort nicht richtig war.

Nun ist der Verhörte wahrscheinlich kein Kind mehr – und trotzdem greifen die alten Mechanismen. Will man also wirklich der Wahrheit auf die Spur kommen, statt nur ein anerzogenes Verhaltensmuster auszulösen, sollte man immer ein bisschen anders fragen: Aus »Wie alt sind Sie?« wird »Wie lautet Ihr Geburtsdatum?«. Oder: »Wie lange haben Sie an dem Projekt gesessen?« als Alternative zu »Wann haben Sie angefangen, an dem Projekt zu arbeiten, und wann haben Sie aufgehört?«. Darüber hinaus demonstriert man weniger Misstrauen, wenn man nicht dauernd die gleiche Frage wiederholt.

Eine Atmosphäre des Misstrauens tut der Wahrheitsfindung in der Regel nicht gut; statt stur nachzubohren, hakt man lieber interessiert nach. Offene Verdächtigungen können sogar dazu führen, dass der vermeintliche Lügner das Gespräch mit »Gegenangriffen« beendet. Typisch sind dabei Formulierungen wie »Du glaubst mir doch sowieso nicht, dann können wir es ja gleich lassen!« oder »Was für eine Beziehung haben wir eigentlich, wenn du mir derartig misstraust?«.

Zeigt man hingegen kein Misstrauen, sondern fragt aus scheinbar unschuldigem Interesse nach Details, ist es gut möglich, dass der Lügner versucht, das Thema zu wechseln – ein auffälliges Indiz, da die meisten Menschen nur zu gern über sich selbst reden und bereitwillig entsprechende Fragen beantworten. Allerdings reagieren andere Lügner umgekehrt: Sie fühlen sich ermutigt, immer kühner zu lügen – und verfangen sich gerade dadurch irgendwann in den Fallstricken ihrer eigenen Schwindeleien.[13] So meinte schon der Philosoph Arthur Schopenhauer: »Wenn man argwöhnt, dass einer lüge, stelle man sich gläubig: Da wird er dreist, lügt stärker und ist entlarvt.«

In jedem Fall zwingt man den Lügner durch konstantes Nachfragen, ein immer komplexeres Lügengerüst aufrechtzuerhalten – bis er sich durch Logikfehler oder offensichtliche Nervosität verrät.

Zeitlich springen

Verhörexperten wenden einen besonderen Trick an, um Lügengeschichten zu enttarnen: Sie springen zeitlich hin und her. Dazu lassen sie sich einzelne Ereignisse in unterschiedlicher Reihenfolge erzählen – oder verlangen sogar, dass der Verhörte die komplette Story von hinten nach vorne wiedergibt. Manchmal greifen sie auch einzelne Punkte heraus und fordern den Verdächtigen auf, seine Geschichte von dort aus zu Ende oder umgekehrt zurück an den Anfang zu erzählen. Im Alltag könnte man folgendermaßen fragen: »Was hast du denn gemacht, nachdem du die Kleine im Kindergarten abgesetzt hast?« – um kurz darauf nachzulegen: »Und wo warst du, bevor du einkaufen gegangen bist?«

Wenn wir etwas tatsächlich erlebt haben, ist es egal, wann wir in die Erzählung einsteigen – wir können ohne Weiteres drauflos erzählen. Der Lügner hat es nicht so leicht: Er muss ständig über die chronologische Folge seiner Lügengeschichte nachdenken, sodass er bald Signale gesteigerter geistiger Anstrengung zeigen wird, etwa langsameres Sprechen und Verzögerungen. Typischerweise verzerrt oder vergisst der Lügner dabei Teile seiner Geschichte.[14] Wenn er zudem immer wieder die gleichen Worte benutzt und die Reihenfolge seiner Erzählung rigide einhält, darf man von einer einstudierten Lüge ausgehen.

Der Wahrheitsserum-Mythos

Im Jahr 1931 machte der englische Arzt J. Stephen Horsley in einem Londoner Krankenhaus eine interessante Beobachtung: Frauen, denen zur Anästhesie das Barbiturat Pentobabital verabreicht wurde, gaben regelmäßig persönliche Details preis. War er einem großen Geheimnis auf der Spur? Jedenfalls kam Horsley auf die Idee, das Mittel an Versuchspersonen zu testen – vielleicht konnte man den Menschen auf diese Weise tatsächlich die Wahrheit entlocken ...

Der Arzt probierte das Wundermittel an zwanzig eingeweihten Krankenschwestern aus, die zuerst über die Idee lachten – aber bis auf zwei Ausnahmen konnten sie seinen Fragen nach der Injektion tatsächlich nicht widerstehen. Dabei wurde das Barbiturat über einen längeren Zeitraum in einer so geringen Dosis verabreicht, dass sich die Verhörte in einem Zustand zwischen Schlafen und Wachen befand; entsprechend taufte Horsley die Methode »Narkoanalyse«. Nach Ausbruch des Zweiten Weltkriegs begann der britische Geheimdienst, mit dem Verfahren zu experimentieren.

Zur gleichen Zeit suchten die Nazis ebenfalls nach einem Wahrheitsserum, nachdem sie festgestellt hatten, dass Folter nicht zuverlässig funktionierte. Heinrich Himmler gründete 1942 das Institut für wehrwissenschaftliche Zweckforschung, an dem bestialische Experimente an osteuropäischen KZ-Häftlingen durchgeführt wurden. Dabei zeigte der Wirkstoff Meskalin die größte Wirkung. Allerdings rief Meskalin Halluzinationen hervor, sodass es schließlich als unbrauchbar eingestuft wurde – genau wie die Barbiturate der Briten.

Fachleute wie Praktiker sind sich mittlerweile weitgehend einig: Sogenannte Wahrheitsdrogen lassen den Verhörten teilweise die Wahrheit sprechen, führen aber ebenso häufig zu Fantasien. So wird es fast unmöglich, zwischen Wahrheit und Lüge zu unterscheiden. Aussagen, die unter Wahrheitsdrogen getroffen werden, können also wahr oder unwahr sein – oder eben ein Gemisch aus beidem darstellen.

Nach Jahrzehnten der Forschung stellte sich Marihuana als wirksamste aller Wahrheitsdrogen heraus, gefolgt von einer Kombination aus Alkohol und Koffein. Trotzdem erreicht Marihuana auf einer Wirksamkeitsskala von eins bis zehn nur einen Wert von 1–2, auf dieses Hilfsmittel kann man also getrost verzichten. Zumal es praktisch unmöglich ist, dem Befragten die richtige Dosis zu verabreichen. Die CIA experimentierte damit, Zigaretten mit Marihuana zu präparieren, die man Verhörten unverfänglich anbot. Aber würde der Verhörte die Zigarette auch vollständig rauchen? Wie tief würde er inhalieren? Eine zu schwache Dosis ist wirkungslos, eine zu starke führt zum Kollaps. Bleibt die Erkenntnis: Zuverlässige Wahrheitsdrogen gibt es nicht.

Lügen erschweren

Es leuchtet intuitiv ein: Je schwieriger es dem Gesprächspartner gemacht wird, zu lügen, desto weniger wird er lügen. Und wenn er trotzdem lügt, muss er noch mehr nachdenken, was das Entlarven erleichtert. Fragt ein Richter den Angeklagten: »Können Sie sich an die exakte Vereinbarung erinnern?«, macht er ihm das Lügen viel zu leicht – alles, was der Angeklagte sagen muss, ist: »Nein.«

Fragen, die mit bloßem »Ja« oder »Nein« beantwortet werden können, sollten daher vermieden werden. Denn zum einen ist es vorteilhaft, wenn der vermeintliche Lügner möglichst viel plaudert: Je mehr er redet, desto eher verrät er sich. Zum anderen sind komplexere Lügen immer schwieriger zu bewerkstelligen als simple. Folglich stellt man am besten offene Fragen. So hätte der Richter besser formuliert: »Was hatten Sie vereinbart?« Nun muss sich der Angeklagte etwas ausdenken oder sich detailliert an seine früheren Ausreden erinnern.

Glücklicherweise landet man mit Alltagsproblemen selten vor Gericht. Doch auch bei kleineren Ärgernissen lässt sich die Technik der offenen Fragen anwenden: Gesetzt den Fall, Ihr Sohn Max liefert Ihnen funkelnden Neuwagen nach einem Ausflug mit einem größeren Kratzer ab. Nun gibt es einige Möglichkeiten, ihn darauf anzusprechen. Zum Beispiel:

1. Max, hast du den Kratzer in den Wagen gefahren?
2. Max, weißt du, wer den Kratzer in den Wagen gefahren hat?
3. Max, wie ist der Kratzer in den Wagen gekommen?

Wollen Sie wirklich wissen, wie es um das Gewissen des Sohnemanns bestellt ist, entscheiden Sie sich für die letzte Fragestellung. Diese Frage geht schon davon aus, dass Max der Schuldige ist; hier kann er nicht mit simplem »Ja« oder »Nein« antworten, sondern muss nachdenken und kreativ werden, um zu lügen. Die beiden ersten Fragen erlauben es ihm dagegen, ganz einfach zu leugnen – und wenn Max erst mal geleugnet hat, wird es sehr schwierig, ihn noch zu einem ehrlichen Geständnis zu bewegen, da er dadurch sein Gesicht verlieren würde: Er stünde nicht nur als Fahrsünder, sondern auch noch als Lügner da. Stellt man dagegen die dritte Frage, entscheidet er sich vielleicht gleich für die Wahrheit. Wenn wir das Lügen erschweren, gibt es also von vornherein weniger Lügen.

Wie stellt man offene Fragen? Hier einige Beispiele:

Nicht: Kennst du Alexis?
Sondern: Was ist Alexis so für einer?

Nicht: Hast du Fred gesehen?
Sondern: Wie ist Fred heute drauf?

Nicht: Warst du im Kino?
Sondern: Wann warst du im Kino?

In diesem Sinne schwört der US-Verhörexperte Jef Nance auf den Satz: »Ich will kein Geständnis; ich will einfach nur wissen, warum du es getan hast.«

Übrigens dürfen Sie niemals wiederholen, was der Lügner zuvor gesagt hat! Sätze wie »Du hast doch gemeint, dass du gestern Abend Kopfschmerzen hattest« verbieten sich – denn Lügner improvisieren häufig und vergessen dabei, was sie früher mal erzählt haben. Wenn man sie daran erinnert, macht man es ihnen nur unnötig leicht.

Die Entdeckung von LSD

Unter dem Projektnamen MKULTRA experimentierte die CIA mit den ausgefallensten Praktiken – von Reizentzug, Hypnose, Handschriftenanalyse, Taschenspielertricks und Lippenlesen über die Herstellung von Stinkbomben und Juckpulver bis zur Suche nach effektiven Drogen zur Wahrheitsfindung.

Dazu arbeiteten die Amerikaner an einer Droge mit dem Codenamen TD (*truth drug*). In den Fünfzigerjahren schickte die CIA Mitarbeiter nach Südamerika, um wirkungsvolle Naturdrogen ausfindig zu machen, die man unauffällig in Nahrungsmitteln, Getränken oder Zigaretten unterbringen könnte.

In den Sechzigern erfuhr die CIA dann von einem Mittel, das vom Schweizer Pharmaunternehmen Sandoz entwickelt und exklusiv produziert wurde: ein Stoff, der das Gehirn schon in einer Dosis von einem Millionstel Gramm völlig aus der Bahn wirft – LSD. Die Wahrnehmung verzerrt sich, Farben werden intensiver – es ist, als trete man in eine andere Welt. Als den Amerikanern auch noch zu Ohren kam, dass die Sowjets bei Sandoz LSD im Wert von fünfzig Millionen Dollar erworben hatten, legten sie mit eigenen Experimenten los.

Bei einem frühen Test schoss man mit einem Gewehr eine Dosis von 300.000 Milligramm auf einen Elefanten, der daraufhin wild umherlief, seinen Darm entleerte, zusammenbrach und kurze Zeit später starb. Jeder CIA-Mitarbeiter musste sich damit einverstanden erklären, dass ihm jederzeit am Arbeitsplatz eine winzige Dosis LSD in den Kaffee geträufelt werden könnte. Einer floh daraufhin auf die Straße und versteckte sich neben einem Brunnen am Fluss.

Doch tatsächlich verrieten einige Offiziere unter Einfluss der Droge Geheimnisse, die sie eigentlich für sich behalten sollten – es schien zu funktionieren. Insgesamt wurde aber bald ersichtlich, was schon Briten und Nazis einsehen mussten: dass der Einsatz von Drogen im Wesentlichen dazu führt, dass Menschen wirres Zeug reden. Und zu allem Überfluss erinnerten sich die Verhörten danach auch noch detailliert an ihre Erlebnisse.

Schließlich erwog die CIA sogar, LSD als Anti-Wahrheitsdroge zu verwenden: Man wollte es den eigenen Agenten mitgeben, damit sie im Fall der Festnahme durch den Feind schnell high und somit verhöruntauglich werden könnten. Dass LSD in der Folge eine ganz andere Karriere hingelegt hat, braucht man wohl nicht weiter auszuführen.

Schweigen

Der britische Oberst John Hughes-Wilson verrät ein wesentliches Geheimnis des erfolgreichen Verhörs: »Eines der wichtigen Dinge, die wir geheim zu halten versuchen, ist, dass die Vernehmung die meiste Zeit schweigend verläuft. Wenn man in einem Hochsicherheitsgefängnis von Profis verhört wird, herrscht dort absolute Stille.«

Verhörexperten setzen Schweigen bewusst ein, um Stress zu erzeugen. Christopher Dillingham berichtet, eine seiner typischen Taktiken bestehe darin, zu sagen: »Ich weiß, dass es noch etwas gibt, was Sie mir nicht gesagt haben«, und den Verdächtigen schweigend anzusehen – so komme es oft zu ungeahnten Geständnissen. Und wenn nicht, ist der Druck auf den Lügner derart erhöht, dass die Stresssymptome überdeutlich werden.

Wie geht es Ihnen, wenn der Gesprächspartner plötzlich verstummt und Sie schweigend anblickt? Besonders wenn Sie den anderen nicht kennen? Wahrscheinlich finden Sie eine solche Situation nicht sehr angenehm, denn Pausen verlassen die übliche Kommunikationsebene, was gemeinhin zu starker Verunsicherung führt. Speziell den Lügner, der sich sowieso nicht für glaubwürdig hält, erwischt das Schweigen kalt – auf einmal verliert er die Kontrolle über das doch so gut vorbereitete Gespräch. »Warum sagt der nichts?«, fragt er sich verzweifelt, und interpretiert die unterschiedlichsten Dinge in das Schweigen hinein: »Der schaut so wissend ... bestimmt weiß er Bescheid.« Wächst die Anspannung bis ins Unerträgliche, kann sich der Angeschwiegene nicht mehr kontrollieren – und es platzt aus ihm heraus.

Ein Beispiel: Sie stehen vor einem schwierigen Mitarbeitergespräch. Die Revision hat entdeckt, dass in einer Abteilung PCs verschwinden, und Sie haben den zuständigen Abteilungsleiter vor sich. Als Sie ihn auf die Vorfälle ansprechen, versichert er Ihnen sofort, dass er die Sache rückhaltlos aufklären werde, aber bislang keinen Verdacht habe. Daraufhin sieht er Sie erwartungsvoll an, wartet auf Ermutigung oder Kritik und auf die Gelegenheit, seine zahlreichen Vorschläge loszuwerden. Sie aber schweigen. Sie erwidern seinen Blick ruhig und sagen einfach nichts. Hat er tatsächlich etwas zu verbergen, wird der Abteilungsleiter nervös – er fragt sich, ob Sie nicht doch mehr wissen, als Sie zugegeben haben. Um den peinlichen Moment zu überspielen, wiederholt er vielleicht das eben Gesagte und macht dabei Fehler; auf jeden Fall wird er unübersehbare Stressanzeichen zeigen.

Wie schon beim hartnäckigen Nachfragen setzen Sie Intellekt und Wissen des Gesprächspartners gegen ihn selbst ein: Es sind die eigenen Ängste des Lügners, die ihn im Idealfall geständig werden lassen, zumindest aber sein Stresslevel drastisch erhöhen.

Probieren Sie es aus: Schweigen Sie bei der nächsten Begegnung mit einer mehr oder weniger fremden Person einfach mal. Lächeln Sie freundlich, aber sagen Sie zwischendurch kein Wort. Sie werden sich beide unwohl fühlen, und der andere wird das Schweigen brechen. Wenn er nichts sagt, können Sie danach immer noch erklären, Ihnen wäre gerade etwas durch den Kopf gegangen, um Ihr wunderliches Verhalten zu erklären.

Köderfragen

Die wirkungsvollste Fragetechnik des sogenannten *Behavioural Analysis Interview*, eines der erfolgreichsten Verhörsysteme der US-amerikanischen Polizei, ist die »Köderfrage« (*bait question*). Hier wird – anders als bei anderen Techniken – das Misstrauen offen gezeigt. Man deutet dem Verdächtigen gegenüber an, dass Beweise gegen ihn vorliegen – zumeist entgegen den Tatsachen, weshalb diese Technik von vielen Menschen aus moralischen Gründen abgelehnt wird. Eine typische Frage könnte lauten: »In der Bank war eine Sicherheitskamera installiert. Wir könnten die Filme besorgen. Wenn wir uns diese Aufzeichnungen anschauen, kann es da nicht sein, dass wir darauf sehen, wie Sie das Geld entwenden? Ich will nicht behaupten, dass wir es sehen werden – aber mich würde doch interessieren, was Sie dazu sagen.«

Ist Ihnen das zu offensiv, können Sie die Köderfrage auch ganz harmlos stellen. Wenn Ihr Auto direkt vor Ihrer Haustür zerkratzt wurde und Sie insgeheim Ihren Nachbarn im Verdacht haben, klopfen Sie einfach an die Tür und sagen: »Sie wissen ja, irgendwer hat mein Auto zerkratzt. Und jetzt wollte ich nur kurz fragen, ob Sie was davon mitbekommen haben. Wobei sich die Sache sowieso bald aufklären wird, da meine Cousine, die gerade zu Besuch war, jemanden gesehen hat, der sich vom Wagen entfernt und dabei irgendetwas in der Hand gehalten hat.« Ein Bluff ohne Risiko.

Egal, ob man den anderen direkt beschuldigt oder nicht: Ehrliche können sicher sein, dass nicht sie beobachtet wurden, und werden sich entsprechend äußern. Lügner dagegen werden sofort nervös; möglicherweise verraten sie sich nicht nur durch ihren plötzlichen Stress, sondern auch durch voreilige Ausflüchte wie »Kann schon sein, dass ich da vorbeigegangen bin, aber ...«.

Das Grundprinzip lautet also: Schildern Sie die Situation und tun Sie dabei so, als verfügten Sie über stichhaltige Beweise, mit denen Sie den Täter über kurz oder lang schon enttarnen würden. Die Köderfrage ähnelt der Reflexfrage im Kapitel über Disharmonien, fällt aber deutlich offensiver aus und versucht nicht nur leichte Veränderungen, sondern deutliche Anzeichen von Stress zu provozieren. Diese Technik wird täglich von Agenten und Polizisten auf der ganzen Welt genutzt: Sie gaukeln dem Verhörten diffus vor, die Wahrheit schon zu kennen und ihm nun die Chance zu geben, sich zu erklären.

Verhörexperten wenden gerissene Tricks an, um Verdächtige glauben zu machen, dass sie Beweise im Überfluss hätten. Christopher Dillingham etwa lässt vermeintliche Zeugen (zum Beispiel seine Sekretärin) in den Verhörraum kommen, die sich den Verhörten ansehen, kurz nicken und wieder gehen. Oder er behauptet, er hätte Aufenthaltsdaten vom Handyprovider, über die er den Standort des Beschuldigten zum Zeitpunkt der Tat orten könnte. Manchmal erscheint er auch mit einer dicken Akte im Raum, auf der der Name des Verhörten steht – und die nichts als Altpapier enthält. Vielleicht lässt er auch »versehentlich« einen Schnellhefter herausflattern, auf dem groß »Zeugenaussagen im Fall xy« zu lesen ist.

Irgendwann glaubt das arme Opfer, dass ein Geständnis noch die vorteilhafteste Lösung wäre – tatsächlich aber redet es sich um Kopf und Kragen. Denn ein Geständnis führt in der Regel zu deutlich mehr Ärger als konsequentes Schweigen, wie Tausende von Gefangenen nach Jahren einsamer Reflexion bestätigen können: Das Geständnis erschien nur damals als bester Ausweg. Die Gefängnisse sind voll von Menschen, die ohne ihr freiwilliges Geständnis nie hätten überführt werden können – die Beweise waren einfach nicht echt. Aber dank der Köderfrage sitzen sie hinter Gittern.

Die Köderfrage spielt dem vermeintlichen Lügner also vor, bereits über Wissen zur Tat zu verfügen, ohne dabei viel preiszugeben. Ihrem vermutlich stehlenden Mitbewohner etwa könnten Sie von Ihrer kürzlich installierten Webcam erzählen, die den ganzen Tag über lief. Idealerweise gesteht er, in jedem Fall aber kommt es beim Lügner zu erhöhten Stressanzeichen.

Tricks der Verhörer

Militär und Geheimdienste bedienen sich ausgefallener Taktiken, um an die Wahrheit zu kommen. Angebliche Mitarbeiter von Hilfsorganisationen, denen sich die Häftlinge anvertrauen sollen, stellen sich häufig als Agenten heraus, vermeintliche Ärzte sind ebenfalls nicht immer echt. Wenn einem Insassen angeboten wird, seinen Liebsten Postkarten zu schicken, verwerten die Behörden nicht nur den eigentlichen Text, sondern auch die Adressdaten, um herauszufinden, welche Menschen für den Verdächtigen besonders wichtig sind.

Ein US-Verhörexperte berichtet, wie er sich einmal als britischer Offizier verkleidete und eine Gruppe Gefangene scheinbar freiließ. Nun fehlten aber einige persönliche Dinge, die ihnen zuvor abgenommen worden waren – und sofort bot sich der »hilfsbereite« scheinbare Brite an, den Beschwerdebogen für die ehemaligen Häftlinge auszufüllen. Dabei fragte er nach ihrem Namen, ihren Aufgaben, ihrer Einheit – alles angeblich im Namen eines sauber ausgefüllten Formulars. Und zwar mit zufriedenstellendem Erfolg, wie er sagt: »Nur zwei der dreizehn Burschen fielen darauf rein – aber das war gut genug.«

Auch mit dem Lügendetektor wird gebluffT: Dem Befragten wird – unabhängig vom tatsächlichen Testergebnis – gesagt, er sei durch den Test gefallen und als Lügner entlarvt. Dann verlässt der Versuchsleiter den Raum und beobachtet die Reaktion des Verhörten durch eine verspiegelte Scheibe. Der Psychologe David Lykken erzählt von einem außergewöhnlichen Fall, der sich in Cincinnati ereignete: Der Verhörende sah durch eine Spiegelglasscheibe, wie der Verhörte zum Lügendetektor ging, das fast zwei Meter lange Papier mit den Ergebnissen herauszog und bis zum letzten Zentimeter aufaß. Daraufhin betrat der Versuchsleiter wieder den Raum, beugte sich zum Lügendetektor hinab und sagte: »Wie bitte? Er hat es aufgegessen?« Der Verdächtige war völlig perplex, meinte: »Mein Gott, das Gerät kann sogar sprechen?« – und legte ein vollständiges Geständnis ab. Lügen um der Wahrheit willen sind ebenso weit verbreitet wie moralisch zweifelhaft.

Der rettende Ausweg

Die bisherigen Techniken zielten vor allem darauf ab, den Lügner über erhöhten Stress zu überführen – kam dabei ein Geständnis heraus, war das natürlich umso erfreulicher. Die dritte und letzte Technik visiert ein höheres Ziel an: Sie will in jedem Fall die ganze Wahrheit offenlegen.

Die ganze Wahrheit ist nicht immer notwendig: Wenn Sie merken, dass der Vertriebsleiter eines Zulieferers über die Zufriedenheit seiner Kunden lügt, ohne genau zu wissen, was mit seiner Ware nicht stimmt, kaufen Sie eben bei der Konkurrenz. Aber manchmal genügt es leider nicht, zu wissen, *dass* jemand lügt – man muss wissen, *worüber* er lügt. Wenn Sie das Gefühl haben, dass ein Mitgesellschafter unehrlich ist, müssen Sie herausfinden, was im Busch ist. Plant er den Ausstieg aus der Gesellschaft, hat er Gelder veruntreut, oder handelt es sich am Ende um etwas Privates?

Die Wahrheit und nichts als die Wahrheit – ein höheres Ziel kann man sich kaum vorstellen. Um es zu erreichen, muss man allerdings die aggressivste Methode des Befragens in Kauf nehmen: Dem Lügner wird offen klargemacht, dass man ihn für einen solchen hält – das Misstrauen tritt klar zutage. Für den Verhörexperten Christopher Dillingham ist es besonders wichtig, dabei eine dominante und selbstsichere Körperhaltung einzunehmen: Er stellt sich mit den Füßen parallel in Schulterbreite vor den Befragten und sagt: »Ich weiß, dass Sie mich in dieser Sache belügen. Wir müssen darüber reden.« Wie schon bei den Köderfragen erweckt er als Erstes den Eindruck, bereits Bescheid zu wissen, und macht gleichzeitig deutlich, dass hier ein gemeinsames Problem vorliegt. Natürlich darf er dabei niemals preisgeben, was er wirklich weiß.

Nun muss man sich zwischen zwei effektiven Möglichkeiten entscheiden: Entweder bietet man dem vermeintlichen Lügner einen Ausweg an – oder man mimt Verständnis.

Zwei Wege: Gut und Böse

Betrachten wir zunächst die erste Möglichkeit: Nachdem immenser Stress aufgebaut wurde, wird ein scheinbar einfacher Ausweg aufgezeigt: »Wenn du diesen, den ehrlichen Weg wählst, wird alles gut«, so die Botschaft an den Lügner. Anders ausgedrückt: Du musst nur die Wahrheit sagen, und schon hat der unerträgliche Stress ein Ende.

»Sie können all dem ein Ende bereiten, indem Sie reden … Je größer Ihr Widerstand, desto unbequemer wird Ihr Leben werden. Deshalb: Reden Sie mit mir. Machen Sie uns jetzt das Leben leicht.« So beschreibt der britische Verhörspezialist John Hughes-Wilson dem englischen Journalisten Dominic Streatfeild eine seiner wichtigsten Techniken beim Verhören. Der Verhörte weiß nun, dass er dem Stress entfliehen kann, indem er den Mund aufmacht. Einige Verhörende gehen noch weiter und reden dem Verdächtigen ein, dass er sich zwischen Gut und Böse entscheiden müsse. Wählt er die Wahrheit, verschwindet der Druck, und alles ist gut. Entscheidet er sich aber für die dunkle Lügenwelt, wird der Stress so lange erhöht, bis er doch die Wahrheit spricht.

Dazu wieder Hughes-Wilson: »Das Ziel ist es, sich bis zu dem Punkt vorzuarbeiten, an dem der Gefangene Ihnen alles sagen will, weil er keinen anderen Ausweg mehr sieht. Was meiner Erfahrung nach üblicherweise geschieht, ist nicht, dass die Leute heulend zusammenbrechen und sagen: ›Ich sage Ihnen alles, was Sie wissen wollen!‹ Es ist eher wie bei einem überlangen Marathon. Ihnen geht der Dampf aus.

Sie sind einfach müde, sie sind völlig ausgepumpt. Ihnen sind keine Lügen mehr geblieben, die sie noch erzählen können.«

Auch im Alltag kann man dem Gesprächspartner klarmachen, dass der Stress rasch vorbei sein könnte, wenn die Wahrheit auf den Tisch kommt, und dass die Wahrheit immer besser ist als die Lüge – etwa indem man sagt: »Wenn du noch länger darauf beharrst, zieht sich das Ganze ewig hin, bis unser Verhältnis total vergiftet ist. Hast du wirklich Lust, dich monatelang zu streiten? Gib deinen Fehler einfach zu, dann ist die Sache ein für allemal erledigt.« Diese Technik, die negativen Konsequenzen einer Entscheidung deutlich herauszustellen, können Sie im Übrigen ganz allgemein anwenden, um jemanden von etwas zu überzeugen.

Die Lüge über das Foltern

Bereits im 14. Jahrhundert wurden im *Directorium Inquisitorium* des Großinquisitors von Aragon, Nicolaus Eymerich, Foltermethoden geschildert, die einzig einen Zweck verfolgten: die »Wahrheit« zu erfahren. Der *Hexenhammer* aus dem Jahre 1486 entwickelte sich zum Standardwerk der Barbaren im Ketzerwahn. Schon früh wurden auch subtilere Methoden erdacht: Im 16. Jahrhundert entdeckte der italienische Rechtsgelehrte Hippolytus de Marsiliis den Schlafentzug, die sogenannte Tormentum Insomniae. Sein französischer Kollege Jean de Grèves verfeinerte die Methode: Wenn man einen Nasenflügel des Häftlings durchbohrt und einen mit Teer imprägnierten Zwirnfaden daran befestigt, stellte er fest, könne man den Gefangenen mittels eines einfachen Ruckes wecken.

Folter, diese extreme Form der Stresserzeugung, ist nicht nur bestialisch – sie ist noch dazu völlig nutzlos: Ein Gefolterter liefert keine zuverlässigen Informationen – entweder schweigt er weiterhin oder er bestätigt alles, um weitere Schmerzen zu vermeiden. Diskussionen darüber, Foltermethoden wie *Waterboarding* oder noch Grausameres im Namen der Terrorabwehr zuzulassen beziehungsweise anzudrohen, sind daher nicht nur eines Rechtsstaats unwürdig, sondern auch absolut sinnlos.

Moralischer Ausweg

Warum hält jemand selbst unter großem Druck stur an einer Lüge fest? Oft lautet die Antwort: weil ihm seine Tat peinlich ist. Egal, was sonst auf dem Spiel steht – er wird sie nicht enthüllen, um nicht das Gesicht zu verlieren.

Verhörexperten wissen um dieses Phänomen. Daher verwenden sie eine Technik, die man »psychologische Amnestie« nennt: Sie geben dem Verhörten zu verstehen, dass die Tat durchaus nachvollziehbar war, ja dass sie wahrscheinlich selbst genauso gehandelt hätten. So liefern sie ein mögliches Motiv für die Tat – sie ist nicht mehr peinlich, sondern verständlich. Ekman zitiert ein typisches Verhör: »Es gibt Zeiten, in denen wir Menschen wegen unserer Umgebung, wegen einer Krankheit – aus vielen Gründen – nicht den geraden Weg wählen ... Manchmal können wir nicht anders. Manchmal tun wir Dinge in einem Moment der Leidenschaft, in einem Moment des Zorns ...«

Entscheidend ist, dem Beschuldigten ein ähnliches Wertesystem vorzugaukeln. Wie weit man dabei geht, bleibt jedem selbst überlassen – Christopher Dillingham zögert nicht, vor dem vermeintlich Pädophilen zu behaupten, dass auch er Sechsjährige für sexy hält. Vertritt man dieselben Werte wie sie, halten einen andere Menschen für sympathisch – ein entscheidender Faktor, wenn es um Geständnisse geht. Oft reicht es auch schon, nur eine einigermaßen vergleichbare Tat zu gestehen: »Es ist schon in Ordnung, wenn Sie die Daten auf dem Firmenserver versehentlich gelöscht haben. In meiner ersten Woche hier habe ich alle Dokumentenvorlagen im Netzwerk gelöscht – die IT hat eine Woche gebraucht, um sie zurückzuholen. Na, was sagen Sie jetzt?«

So verwandelt man sich schlagartig in den Verbündeten des Verdächtigen. Bündnisse entstehen besonders leicht, wenn es einen gemeinsamen »Feind« gibt. Geht es um eine schwierige Entscheidung, lohnt es sich daher, eine andere Instanz ins Spiel zu bringen, die das letzte Wort haben wird – Sie, der Sie auf der Seite des Verdächtigen stehen, wollen nur helfen, die paar kleinen Lügen schnell zu bereinigen, bevor die Entscheidungsinstanz dahinterkommt.

Zwei Beispiele: »Ich habe den Kaufvertrag durchgesehen. Alles okay von meiner Seite, Sie wissen, wie sehr mir der Porsche gefällt. Ob er wirklich komplett unfallfrei ist oder ob die Kilometer hundertprozentig stimmen, ist mir nicht so wichtig. Aber später kommt mein Mann vorbei, und wissen Sie, der ist da sehr pingelig und lässt alles haarklein kontrollieren. Wenn irgendwas nicht stimmt, will er den Wagen auf keinen Fall.« Oder: »Perfekt! Sie eignen sich optimal für die Stelle. Ihr Lebenslauf ist hervorragend – allerdings wird ihn die Geschäftsführerin natürlich noch mal komplett überprüfen lassen. Jeder übertreibt ein wenig, ist ja klar. Lassen Sie uns den CV daher schnell gemeinsam durchgehen, damit es auch sicher klappt!«

Wie soll man begründen, dass noch das schlimmste Vergehen nachvollziehbar war? Christopher Dillingham schildert drei Strategien:

- *Das Opfer war selbst schuld:* »Es ist nicht deine Schuld, dass du mit ihr geschlafen hast – ich hatte dich vernachlässigt.«
- *Die Umstände waren schuld:* »Natürlich hättest du unter normalen Umständen niemals gestohlen. Aber ohne Job und mit einer hungrigen Familie ist das mehr als verständlich.«
- *Dritte waren schuld:* »Ich weiß schon, ohne Tobi wärst du nie bis sechs Uhr morgens in dem Table-Dance-Laden rumgehangen!«

Um dem Lügner das Geständnis so leicht wie nur möglich zu machen, ist es hilfreich, ihn nicht dazu aufzufordern, »endlich mit der Wahrheit herauszurücken«, sondern »die ganze Geschichte zu erzählen«. Häufig verhindern vor allem Faktoren wie Stolz und Scham das Geständnis. Wenn man nun Verständnis und Sympathie zeigt, nimmt man dem anderen diese Scham. Wir gestehen unsere Verfehlungen generell nicht denjenigen, die auf uns herabsehen, sondern denjenigen, die uns verstehen und mögen.

Reizentzug und Wahrheitsfindung

Menschen reagieren mit Halluzinationen, wenn man ihnen einen längeren Reizentzug verordnet – wenn man sie also einer Umgebung aussetzt, in der es nichts zu sehen, nichts zu hören und auch sonst nichts gibt. Alleinsegler und Eremiten berichten regelmäßig von derartigen Sinnestäuschungen. Eskimos gehen nicht allein fischen, weil sie ohne Gesellschaft häufig auf die offene See hinaus paddeln.

Um Menschen jegliche Reize zu nehmen, entwarf John Lilly, Professor am National Institute of Health in Maryland, einen Tank, der mit Wasser oder Gelatine in Körpertemperatur gefüllt werden konnte. Die Versuchspersonen sollten lediglich mit einer Atemmaske bekleidet in diese lauwarme Masse eintauchen. Lilly unternahm einen Selbstversuch und begann schon nach zweieinhalb Stunden zu halluzinieren. An einem ähnlichen Projekt arbeitete der CIA-Wissenschaftler Lawrence E. Hinkle: Er berichtet von einem sogenannten »Hirnsyndrom«, das unter den folgenden Bedingungen auftrete: langes Stehen, geringe Sauerstoffzufuhr, Wasserentzug. Nach einer gewissen Zeit, in der der Verhörte »lediglich« Schmerzen spürt, nimmt seine Fähigkeit, komplexere Aufgaben zu lösen, rapide ab, bis er sich schließlich extrem unsicher fühlt und an seiner eigenen Identität zweifelt.

Im KUBARK-Verhörhandbuch der CIA steht, dass »das Identitätsgefühl eines Menschen auf der Kontinuität seiner Umgebung, Gewohnheiten, Erscheinung ... etc. beruht. Die Inhaftierung erlaubt es dem Vernehmer, diese Verbindungen zu kappen und den Verhörten auf seine bloßen inneren Ressourcen zurückzuwerfen.«

Diese Erkenntnisse werden durchaus in die Tat umgesetzt: Es ist bekannt, dass die CIA Al-Qaida-Verdächtigen in Afghanistan eine Kapuze überzog, ihnen jegliche Gespräche untersagte und sie äußerst grob behandelte. So beraubte man sie systematisch ihrer Orientierung und führte ihnen ihre grenzenlose Ohnmacht vor Augen. Die Häftlinge durften sich nicht bewegen, man schnitt ihnen mit Scheren die Kleider vom Leib. Britische Armee und CIA kleiden ihre Gefangenen regelmäßig in übergroße Overalls, ohne ihnen einen Gürtel zu geben. Die Köpfe werden rasiert, persönliche Gegenstände wie Uhren und Eheringe eingesammelt.

Diese bewusste Desorientierung hat einen ähnlichen Effekt wie jedes angebliche Wahrheitsserum: Sie verwirrt den Verhörten restlos und führt zu intensiven Halluzinationen. Für die Wahrheitsfindung ist eine solche Strategie daher ohne jeden Nutzen.

In den USA müssen Geheimdienstdokumente (glücklicherweise!) nach einigen Jahren veröffentlicht werden, wodurch ersichtlich wurde, dass die CIA – wie auch andere Geheimdienste – psychologische Mechanismen oft völlig falsch anwendet. Trotz zahlreicher Think Tanks und hochbezahlter psychologischer Beratungsfirmen wie Mitchell, Jessen & Associates, verblüfft es immer wieder, wie dilettantisch und wirkungslos moderne »Verhöre« durchgeführt werden.

Fazit

Lügen führt zu gedanklicher Anstrengung, die sich ihrerseits in Stress bemerkbar macht. Anzeichen für Stress sind daher ein hervorragendes Indiz für die Lüge, das sich vor allem Verhörexperten zunutze machen.

Wann ist jemand gestresst? Sprachliche Anzeichen sind eine hohe Stimme, Verzögerungen, Wiederholungen und offensichtliche Denkpausen. Daneben treten körperliche Symptome auf, wie vermehrtes Blinzeln und individuelle Stressrituale.

Ist der Lügner nicht gestresst genug, kann man gezielt Druck aufbauen – im Idealfall wird er dann bald aufgeben, zumindest aber so starke Stresssignale zeigen, dass es ein Leichtes ist, ihn zu entlarven. Dazu fragt man den Verdächtigen immer weiter aus, um ihn mit Fragen zu konfrontieren, auf die er nicht vorbereitet ist, und springt währenddessen zeitlich hin und her, um ihn aus dem Konzept zu bringen. Ist man schließlich mit den Fragen am Ende, kann man auch durch Schweigen Druck aufbauen.

Eine offensivere Fragetechnik ist die Köderfrage, bei der dem vermeintlichen Lügner ein diffuses Wissen über die Tat vorgespielt wird. Schließlich gibt es Strategien, die direkt auf ein Geständnis abzielen: Die Wahrheit wird als einzige Möglichkeit präsentiert, dem Stress ein Ende zu bereiten, vielleicht sogar als einzig akzeptable Alternative zum dreckigen, dunklen Pfad der Lüge – alternativ zeigt man Verständnis für das mutmaßliche Vergehen, damit der Lügner gestehen kann, ohne das Gesicht zu verlieren.

Der Verhörexperte Christopher Dillingham empfiehlt, die in diesem Kapitel geschilderten Techniken in einer bestimmten Reihenfolge anzuwenden:

1. *Köderfrage:* Vorgeben, Bescheid zu wissen.
2. *Moralische Amnestie:* Verständnis zeigen.
3. *Zwei Wege:* Klarmachen, dass die Wahrheit lohnender ist als die Lüge.

Diese Vorgehensweisen sind die bisher offensivsten – kein Wunder, stammen sie doch allesamt aus der Welt der Polizei und Geheimdienste, wo man täglich auf Ergebnisse – vorzugsweise Geständnisse – angewiesen ist. Stressanzeichen bloß zu beobachten, verlangt noch kein so brachiales Vorgehen. Ein systematisches Erhöhen des Drucks ist nicht jedermanns Sache – wenn Sie wirklich die ganze Wahrheit wissen müssen, können Sie aber auf diese Ultima Ratio zurückgreifen.

Stressanzeichen

Typische Stressanzeichen:
- Hohe Stimme
- Verzögerungen: Pausen, Wiederholungen, Nachdenken
- Körperliche Symptome: Blinzeln, Stressrituale

Stress erhöhen:
- Immer weiter fragen: nachhaken, zeitlich springen
- Keine Ja/Nein-Fragen stellen
- Schweigen
- Köderfragen: Wissen über die Tat vorgaukeln

Das Geständnis als Ausweg:
- Befreiung von Stress in Aussicht stellen
- Zwei Wege aufzeigen: verwerfliche Lüge vs. untadelige Wahrheit
- Moralische Amnestie: Verständnis zeigen

La Grande Thérèse –
ein Dorfmädchen im Élysée-Palast

Paris, Ende des 19. Jahrhunderts, in einem illustren Salon: Die Herrschaften bitten ihre Gastgeberin Thérèse Humbert, ihnen doch ein Stück auf dem Klavier vorzuspielen. Die Dame ziert sich: Sie sei doch so schüchtern, vor Publikum könne sie nicht spielen. Im Nebenzimmer, außer Sichtweite der Zuhörer, ja, das ginge ... Thérèse Humbert wirft ihren Gästen ein letztes verschämtes Lächeln zu, während sie die Tür hinter sich zuzieht. Und tatsächlich: Die Qualität der Darbietung ist wirklich bemerkenswert ...

Thérèse Humbert ist nicht allein im Nebenzimmer: Vor dem Klavier sitzt ein stadtbekannter Starpianist. Auf ein kurzes Nicken von Madame Humbert greift er in die Tasten, und die ersten süßen Töne dringen durch die geschlossene Tür und betören die Ohren der Gäste ... Dies war noch die harmloseste Lüge einer der größten Betrügerinnen, die die Welt je gesehen hat.

Als große Schönheit kann man die 1856 in der Nähe von Toulouse geborene Thérèse Humbert nicht bezeichnen: Sie ist füllig, untersetzt, sie lispelt – ein einfaches Dorfmädchen. Aber sie ist gesegnet mit einer unglaublichen Fantasie und dem Wunsch, ihren einfachen Verhältnissen zu entfliehen. Ihre erste große Lüge ersinnt sie im zarten Alter von siebzehn Jahren: Sie sei verlobt mit einem reichen Reeder aus Bordeaux. Prompt lassen sie die besten Modegeschäfte und Schuhläden von Toulouse anschreiben – sie kauft und kauft und lebt das Luxusleben, das sie sich immer ersehnt hat. Als die Lüge auffliegt, geht sie nach Paris.

Dort heiratet sie einen entfernten Verwandten, den Sohn des baldigen Justizministers Humbert. Dieser freut sich über die gute Partie, denn wieder hat die junge Thérèse eine fulminante Lüge ersonnen: Sie habe einen Engländer bis zu seinem Tode gepflegt, sodass er ihr schließlich hundert Millionen Franc vermacht habe. Thérèse *schmückt die Erfindung bis ins Unermessliche aus: Der Engländer, ein Edelmann mit Namen Crawford, sei in Toulouse erkrankt, in einem Mietshaus in der Rue de Taur. Dort sei er auch gestorben; allerdings erst, nachdem er sein Testament mit letzter Kraft auf einen Marmorstein graviert habe – natürlich zugunsten der treuen Thérèse.*

La Grande Thérèse, wie man sie nennt, lebt jahrelang als Ikone der Pariser Gesellschaft: Im Élysée-Palast ist sie ein gern gesehener Gast, der Präsident der Republik besucht sie häufig. Künstler, Herzöge und Diplomaten verkehren in ihrem Haus, die Gästelisten ihrer glamourösen Feste werden in der Tagespresse veröffentlicht. Für ihre Garderobe sind die berühmtesten Modehäuser der Zeit zuständig: Worth, Paquin, Doucet. Sie erwirbt Landgüter, Weinberge, gefeierte Kunstwerke – Thérèse Humbert führt ein märchenhaftes Leben an der Spitze der Gesellschaft. Nach ganzen zwanzig Jahren Luxus auf Pump wird es den Gläubigern dann doch zu bunt: Im Zuge eines aufsehenerregenden Prozesses öffnet man ihren Tresor. Er ist völlig leer – die Erbschaft eines englischen Edelmannes hat es nie gegeben.

»Runde Zahlen sind immer falsch.«

SAMUEL JOHNSON

V. Verhaltenskontrolle

Von Pinocchio, dem wohl berühmtesten Lügner schlechthin, war schon die Rede. Er gibt uns einen Hinweis darauf, wie man Vertreter seiner Zunft entlarvt: Zwar wächst dem Menschen leider nicht die Nase in die Länge, wenn er flunkert, aber eine andere wesentliche Eigenschaft Pinocchios teilt der lügende Mensch – sofern er nicht ausgerechnet Thérèse Humbert heißt – durchaus: Er ist hölzern.

Wie im Kapitel über Stress und Stresserhöhung erörtert wurde, erwecken Lügner meist den Eindruck, dass sie angestrengt nachdenken und sich fortwährend selbst kontrollieren – kein Wunder, ist ihnen doch bewusst, dass sie jederzeit entlarvt werden könnten.

Wenn man seiner Sache sicher ist, richtet man die Aufmerksamkeit auf die Außenwelt. Eine selbstsichere Frau fragt sich bei einem Date nicht ständig, wie sie auf den Mann wirkt, sondern eher, ob er ihr überhaupt gefällt. Der Vermieter der palastartigen Altbauwohnung grübelt beim Besichtigungstermin nicht pausenlos darüber nach, ob den Interessenten das Objekt zusagt, sondern überlegt vielmehr, ob sie denn seine Kriterien erfüllen, ob es sich also um verbeamtete, untrennbar verheiratete und nichtrauchende Haustiergegner handelt. Das eigene Verhalten wird weder der Vermieter noch die selbstbewusste Frau scharf kontrollieren.

Ein Lügner kann sich seiner Sache nie sicher sein. Deshalb richtet er seine Aufmerksamkeit auf sich selbst: Er kontrolliert seine Außenwirkung. Da er jede Geste und jedes Wort streng überwacht, wirken seine Handlungen bedächtig.[1] Er bewegt sich langsamer und sparsamer als ein Mensch mit gutem Gewissen, spricht zögerlicher, überlegter und vor allem weniger detailliert – es fehlen Einzelheiten und Ausschmückungen. Der Eindruck, den der Lügner insgesamt erweckt, lässt sich – Sie ahnen es schon – mit einem Wort umschreiben: hölzern.

In diesem Kapitel werden die typischen Auswirkungen dieser Verhaltenskontrolle unter die Lupe genommen – und zwar sowohl die körperlichen Merkmale als auch die inhaltlichen Folgen der ständigen Selbstüberwachung.

Körperliche Merkmale

Wie sehr der Lügner auch versucht, sich perfekt zu verhalten: Er kann nicht alle körperlichen Regungen kontrollieren, was zu den bereits besprochenen Disharmonien führt. Vielleicht ist man sich dieses Problems instinktiv bewusst, wenn man die Unwahrheit sagt – jedenfalls neigen Lügner dazu, Bewegungen lieber ganz zu vermeiden, statt sich durch unpassende Gesten zu verraten. Die Hirnforschung bestätigt dieses Phänomen: Sie hat gezeigt, dass das Lügen eher von den oberen Hirnhälften gesteuert wird, was zwangsläufig zu einer Abnahme unruhiger Bewegungen führt; Schuldgefühle vermindern Bewegungen ebenfalls.[2]

Tatsächlich muss diese Steifheit kein Nachteil sein: Ungeschulte Beobachter glauben, Lügner würden zum Zappeln neigen. Das wiederum wissen Lügner und bemühen sich daher umso intensiver, sich ruhig zu verhalten und auf unnötige Bewegungen zu verzichten – womit sie das ungeschulte Auge täuschen mögen, Sie, die Sie dieses Buch aufmerksam gelesen haben, aber natürlich nicht mehr hinters Licht führen können. Denn ein gewisses Maß an Bewegung beim Sprechen ist normal; die Körpersprache von Lügnern aber wirkt extrem kontrolliert und steif.[3]

So sind Hand- und Fingerbewegungen von Lügnern in der Regel stark eingeschränkt; vor allem Gesten, die normalerweise verwendet werden, um dem Gesagten Nachdruck zu verleihen, treten vermindert auf. Auch die Bewegungen des Kopfes fallen geringer aus. Das Gesicht wirkt ausdruckslos, das gesamte Verhalten desinteressiert und gleichgültig. Im Widerspruch dazu stehen eine angespannte Körperhaltung und Stimme. Diese Anspannung lässt den Gesichtsausdruck weniger freundlich erscheinen: Das Kinn ist leicht gehoben, die Lippen aufeinander gepresst, die Pupillen erweitert.

Man muss sich nicht jedes Indiz merken; wesentlich ist, dass der Körper, das Gesicht und auch die Stimme angespannt und steif wirken. Es ist wie bei einer öffentlichen Rede: Wenn man mit starkem Herzklopfen ans Podium tritt, ist man viel zu sehr auf den Text fixiert, um die Worte noch mit den Händen zu untermalen oder freundlich und entspannt zu wirken. Häufig halten wir Menschen bei der ersten Begegnung für unfreundlich und arrogant – dabei waren es nur Unsicherheit und Nervosität, die sie so auftreten ließen. Wenn Ihr Gesprächspartner ohne ersichtlichen Grund auffällig steif und teilnahmslos wirkt, liegt ein starkes Indiz dafür vor, dass er nicht die Wahrheit sagt.

Fehlen von Manipulatoren

Ein besonderer Aspekt ist das Fehlen von »Manipulatoren«, wie Paul Ekman sie nannte. Damit sind Bewegungen gemeint, bei denen ein Körperteil ein anderes berührt, streichelt, kratzt, kneift oder reibt – etwa das Kratzen am Ohr, das Reiben des Unterarms oder Ellbogens.

Erstaunlich ist, dass genau diese Gesten von ungeschulten Beobachtern für die sichersten Anzeichen der Lüge gehalten werden. Man deutet sie als Verlegenheitsgesten, die der Nervosität des Lügners entspringen. Tatsächlich aber treten solche Bewegungen gleichermaßen bei Entspannung wie bei Anspannung auf.

Trotzdem taugen Manipulatoren als Hinweis – nur genau andersherum: Weil Lügner wissen, dass die besonders schlauen Entlarver auf eben diese Gesten achten, unterdrücken sie sie bewusst. Verwendet Ihr Gesprächspartner plötzlich keinerlei Manipulatoren mehr – wenn er sich also überhaupt nicht mehr übers Gesicht fährt, am Arm kratzt oder über den Bart streicht –, können Sie beinahe sicher sein, dass er schwindelt. Natürlich ist es auch hier sinnvoll, das momentane Auftreten des Gesprächspartners mit seinem gewöhnlichen Verhalten, also mit der Baseline, zu vergleichen: Wenn Menschen, die sonst sehr agil sind, mit einem Mal steif und hölzern dasitzen und der vormals lebendige Gesichtsausdruck vor ihren Augen versteinert, geht es nicht mit rechten Dingen zu.

Behaviour Analysis Interview

Das *Behaviour Analysis Interview* (BAI), ein Verhörsystem aus speziellen Fragen, wird von der Firma John E. Reid & Associates gelehrt. Ihr Gründer, John E. Reid, war einer der Pioniere des Lügendetektors; er entwickelte ein Gerät, das zum Standard wurde: den *Reid Polygraph*. Insgesamt wurden schon über 300.000 Menschen – hauptsächlich Polizisten und Agenten – im Verfahren des *Behaviour Analysis Interview* geschult; kaum eine Methode ist so weit verbreitet.

Seit 1974 bringen Fred Inbau und John Reid einen Leitfaden für Verhöre heraus, der dem BAI zugrunde liegt: *Criminal Interrogation and Confessions*. Darin findet sich eine Reihe von Fragen (zum Beispiel: »Warum glauben Sie, werden Sie verhört?«), die allesamt ein Ziel verfolgen: Lügt der Befragte, soll er unruhig werden und sich dadurch verstärkt bewegen. Auf der Beobachtung dieser Bewegungen basiert die Entscheidung über die Glaubwürdigkeit des Verdächtigen.

Die wissenschaftliche Überprüfung der Methode durch das Forscherteam von Samantha Mann, Aldert Vrij und Ray Bull widerlegte die Wirksamkeit des Verfahrens samt und sonders. Das haarsträubende Ergebnis: Je intensiver man die Annahmen von BAI anwendet, desto schlechter entlarvt man Lügen – einzig die weiter oben beschriebene »Köderfrage«, die ebenfalls im BAI-Katalog enthalten ist, funktioniert.

Diese Erkenntnis zeigt zweierlei: Zum einen verlassen sich Ermittler immer noch auf völlig überholte Methoden – ein entscheidender Grund für ihr oftmals schlechtes Abschneiden. Zum anderen wird abermals deutlich, dass Lügner ihre Bewegungen eben nicht intensivieren, sondern eindeutig vermindern.

Kontrolle des Inhalts

»Er lügt wie ein Augenzeuge«, lautet ein russisches Sprichwort, das eine besonders schwierig zu entlarvende Lüge charakterisiert. Glücklicherweise trifft dieses Urteil auf die wenigsten Lügen zu.

Durch die Verhaltenskontrolle des Lügners wird in der Regel nicht nur seine Körpersprache hölzern; auch den Inhalten seiner Lüge fehlt es an Lebendigkeit (wenn man es nicht mit einer Betrügerin von Weltrang wie Thérèse Humbert zu tun hat). Denn eine Lügengeschichte hat sich nicht tatsächlich zugetragen – sie ist eine Erfindung, die der Lügner entwickeln und darstellen muss wie ein (meist schlecht) einstudiertes Theaterstück. Doch egal, wie ausgefeilt eine Inszenierung ist – auf der Bühne sieht es nie aus wie im richtigen Leben. Vor allem fehlen Details.

Das Fehlen bestimmter Details ist typisch für die Lüge. Welche Details das sind, erfahren Sie gleich. Dabei wird auf die wichtigsten Aspekte einer hervorragenden Verhörmethode zurückgegriffen, des *Statement Validity Assessment* (SVA).

Das *Statement Validity Assessment* wurde ursprünglich entwickelt, um herauszufinden, ob vermeintliche Missbrauchsopfer – vor allem Kinder – tatsächlich die Wahrheit sprechen. Denn es kommt häufig vor (besonders bei Sorgerechtsstreitigkeiten), dass Menschen (in der Regel Exmänner) diesbezüglich zu Unrecht beschuldigt werden. Der Grundgedanke des *Statement Validity Assessment* stammt von dem deutschen Psychologen Udo Undeutsch: Eine Aussage über etwas, das tatsächlich geschehen ist, unterscheidet sich von einer Aussage über etwas, das nicht geschehen ist (Undeutsch-Hypothese). Doch die Techniken des SVA eignen sich nicht nur zur Analyse der Aussagen von Missbrauchsopfern, sondern auch zur Entlarvung klassischer Lügen.[4]

Zusätzlich zu den Anhaltspunkten, die das *Statement Validity Assessment* bietet, beziehe ich die wirksamsten Aspekte des *Reality Monitoring* ein. Diese Methode wurde von den beiden Psychologinnen Marcia Johnson und Carol Raye an der Yale University erarbeitet, um tatsächlich Geschehenes von Eingebildetem zu unterscheiden. Entsprechend lautet die grundlegende Hypothese, dass man sich an Dinge, die man wirklich erlebt hat, anders erinnert als an Dinge, die man sich nur einbildet. Die Erkenntnisse des *Reality Monitoring* kann man ebenfalls auf Lügen anwenden – sogar dann, wenn sich der Lügner hundertprozentig von seiner eigenen Lüge überzeugt hat (was häufiger der Fall ist, als man womöglich denkt).

Die folgenden zehn Punkte geben die wichtigsten Erkenntnisse dieser beiden Verhörsysteme wieder; da es große Überschneidungen gibt, wurden die Systeme verschmolzen und die wesentlichen Inhalte herausgefiltert.[5] Jeder der zehn Punkte beschreibt ein typisches Merkmal ehrlicher Aussagen – mit anderen Worten: Je weniger die folgenden Kriterien auf eine Aussage zutreffen, desto eher handelt es sich um eine Erfindung, sprich: um eine Lüge.

Unter der Lupe: *Statement Validity Assessment* und *Reality Monitoring*

Wie häufig es sich beim Vorwurf des sexuellen Missbrauchs um grundlose Behauptungen handelt, ist sehr umstritten: In den USA schwanken Schätzungen zwischen sechs und sechzig Prozent aller Anschuldigungen.[6] Dass solch hohe Zahlen im

Umlauf sind, führt wiederum dazu, dass entsprechende Vorwürfe oftmals nicht geglaubt werden – umso schlimmer, da Erwachsene sowieso dazu neigen, Aussagen von Kindern weniger Glauben zu schenken, wie die Entwicklungspsychologen Stephen J. Ceci und Maggie Bruck feststellten.

Das *Statement Validity Assessment* wurde entwickelt, um in derartigen Fällen Licht ins Dunkel zu bringen. Kernstücke sind eine sogenannte »Kriterienorientierte Aussageanalyse« (*Criteria-Based Content Analysis*) sowie eine genaue Bewertung der Ergebnisse anhand einer Checkliste (*validity checklist*), mit der unter anderem geprüft wird, ob ein Kind Wörter verwendet, die nicht seinem Alter entsprechen (und daher auf eine Lüge schließen lassen, die dem Kind von einem Dritten eingeredet wurde).

Gerade in Deutschland wird diese Technik seit den Fünfzigerjahren als Grundlage von Sachverständigengutachten angewandt. Mittlerweile ist SVA bei zahlreichen Gerichten auf der ganzen Welt als Beweismittel bzw. Basis von Gutachten zugelassen.[7]

Das *Reality Monitoring* geht einen Schritt weiter: Es gibt pathologische Lügner, die jahrelang von ihrer wunderbaren Kindheit, ihrem Reitpferd, ihren Ausflügen mit dem reichen Vater erzählen, tatsächlich aber eine völlig verkorkste Kindheit hatten. Dieses Wunschdenken kann sich zu einer (falschen) Erinnerung beim Lügner steigern – in der Tat glauben Lügner nicht selten an ihre eigene Lüge. Wie Stephen Lindsay herausfand, fällt es gerade Kindern häufig schwer, zwischen Realität und Fantasie zu unterscheiden. Streng genommen liegt in einem solchen Fall gar keine Lüge mehr vor, was es besonders schwer macht, hinter die Kulissen der Illusion zu blicken. Denn, so wusste bereits Friedrich Nietzsche: »Überzeugungen sind gefährlichere Feinde der Wahrheit als Lügen.«

Früher gingen Forscher davon aus, dass man Unwahrheiten, von denen andere überzeugt sind, nur mit Fakten widerlegen könnte. Das *Reality Monitoring* widerlegt dies. Eines seiner Grundprinzipien besagt, dass Erinnerungen an sprachliche Fähigkeiten gekoppelt sind – Kinder können sich in der Regel nur an Ereignisse erinnern, die geschahen, als sie schon sprechen konnten. Die Methode des *Reality Monitoring* wird – anders als SVA – in der Praxis bisher kaum genutzt, ist aber theoretisch gut untermauert und daher äußerst vielversprechend.

1. *Detailreichtum*

Das erste Merkmal wahrer Aussagen heißt: Detailreichtum. Betrachten wir diesen Punkt aus der Perspektive des Lügners. Er will sich natürlich nicht in allzu viele Details verstricken: Je mehr Details, desto mehr Informationen muss er sich merken – und desto mehr Möglichkeiten bietet er dem anderen, ihn zu entlarven. Am liebsten würde er schweigen, denn dann könnte er sich gar nicht verheddern. Um unauffällig zu wirken, greift er zur besten Alternative: Er fasst sich so kurz wie möglich. Deshalb fallen die Sätze in Lügengeschichten auch häufig ziemlich knapp aus.

Jemand, der seine Versicherung betrügen will, wird sich beim ersten Telefonat mit dem Sachbearbeiter in etwa so ausdrücken: »Ich bin in die Stadt gegangen, und als ich wiederkam, war alles weg.« Etwas zu simpel, nicht wahr? Denn die Wahrheit steckt meist voll kurioser, unnötiger Details: »Ich war schon eine Stunde zu spät dran, weil mir auf dem Weg in die Stadt eingefallen ist, dass ich noch zur Post musste. In der Stadt war's dann schrecklich voll, sodass ich bald wieder heimgegangen bin. Als ich vor der Tür stand, hatte ich schon so ein komisches Gefühl – und dann war einfach alles weg.« Ein Lügner würde kaum so eifrig erzählen, da er sich dadurch in die Gefahr begäbe, durch einen simplen Hinweis widerlegt zu werden – etwa, dass die Innenstadt an diesem Tag wie leergefegt war. Detailreichtum ist eines der zuverlässigsten Merkmale der Wahrheit, auffälliges Fehlen von Details dagegen ein starkes Indiz für die Lüge.

Sie beschuldigen einen Kollegen, regelmäßig wichtige Unterlagen entwendet zu haben. Natürlich streitet er alles ab. Bei welcher Reaktion sollten Sie misstrauisch bleiben?

- »Schau mich nicht so an, ich hab damit nichts zu tun!«
- »Wie bitte? Das hättest du mir auch mal früher sagen können! Du weißt doch, wie wichtig das Projekt ist, an dem ich gerade arbeite! Ich muss unbedingt meine Unterlagen in Sicherheit bringen ...«

Natürlich: Die erste Antwort ist die verdächtige. Ein Mensch mit schlechtem Gewissen hätte kaum so viel gesagt wie bei der zweiten Antwort, sondern die Anschuldigung lieber gleich – wie im ersten Beispiel – weit von sich gewiesen.

2. Ungewöhnliche Details

Auch die Qualität der Details ist ein guter Hinweis: Gerade ungewöhnliche und nebensächliche Details lassen darauf schließen, dass eine wahre Geschichte erzählt wird. Wie solche Details aussehen können, lässt sich nicht beschreiben – alles ist möglich, solange man kaum darauf kommen würde, wenn man es nicht selbst erlebt hätte.

Frau Meier kommt von einem Wochenendtrip nach Hause und verdächtigt ihren Ehemann, die letzte Nacht außer

Haus verbracht zu haben. Der ehrlich empörte Herr Meier könnte nun erzählen, dass er zu Hause war – und zwar zu seinem aufrichtigen Bedauern. Denn besoffene Fussballfans hätten nach dem samstäglichen Länderspiel noch gegen vier Uhr morgens so laut singend behauptet, dass es lediglich einen Rudi Völler gäbe, dass er davon wach wurde und ein altes Paar Turnschuhe nach ihnen warf, dessen Schnürsenkel sich allerdings an der Fensterbank verhedderten, weshalb sich die Erheiterung der Schlachtenbummler eher noch steigerte. Ein tatsächlich auf Abwegen befindlicher Partner berichtet dagegen von einer ganz normalen Nacht: »Und dann bin ich einfach ins Bett.« Der Psychologe Undeutsch ist davon überzeugt, dass ungewöhnliche Einzelheiten die beste Garantie für die Wahrhaftigkeit des Berichteten darstellen.

3. Unverstandene Details

Noch mehr Tiefe und dadurch Glaubwürdigkeit erhält das Erzählte, wenn der vermeintliche Lügner von unverstandenen Details berichtet – also von Begebenheiten, deren Tragweite oder Bedeutung er selbst nicht versteht. Ein Detail, dessen Relevanz man nicht begreift, wird man sich kaum ausdenken.

Sie verdächtigen einen Spediteur, beim Transport Ihrer neuen Wohnzimmermöbel den Sessel beschädigt zu haben. Als Sie zu Beginn unverfänglich mit ihm plaudern, erzählt er Ihnen, wie sonderbar er es fand, dass der Möbelhändler lediglich den Sessel selbst einladen wollte. Dieses Detail, dessen Bedeutung der Spediteur selbst nicht nachvollziehen konnte, lässt es nun doch wahrscheinlich erscheinen, dass er unschuldig ist – und stattdessen der Händler gelogen hat, als er Stein und Bein schwor, jedes Stück hätte sein Haus in tadellosem Zustand verlassen.

4. Details über psychische Vorgänge

Ein weiteres Anzeichen für die Wahrheit ist es, wenn jemand über seine Gefühle und Gedanken in kritischen Momenten spricht, oder aber die Gefühle und Gedanken anderer kommentiert. Zum Beispiel: »Als ich die Überweisung in Auftrag gab, hab ich mich noch über die komplizierte Nummer geärgert, die ich im Verwendungszweck angeben musste.« oder »Als ich den Wagen pünktlich bei der Autovermietung abgegeben habe, sah der Mitarbeiter sehr mitgenommen aus.«

Auch Informationen über eigene Sinneseindrücke kennzeichnen wahre Aussagen: »Die Musik war extrem laut.« oder »Clara fand, dass es dort sehr unangenehm roch.«

Bei folgender Aussage über ein Alibi könnte sich ein Kommissar ziemlich sicher sein, die Wahrheit zu hören: »Letzten Dienstag um die Zeit ... hmm ... ja, da war ich in diesem Geschenkeladen am Bahnhof. Ein Zimtgeruch lag in der Luft – ich fand das sehr angenehm, dachte mir aber noch: September ist ein wenig früh für Weihnachtsstimmung.«

5. Details über Raum und Zeit

Räumliche und zeitliche Details werden praktisch nur in wahren Erzählungen erwähnt: »Er saß mir schräg gegenüber.«, »Es war kurz nach der Tagesschau.« Besonders, wenn räumliche und zeitliche Aspekte direkt mit dem angeblichen Geschehen verknüpft werden, darf man seinem Gegenüber glauben – zum Beispiel, wenn ein Überfallopfer erzählt, dass es ausgeraubt wurde, als es – wie jeden Samstag gegen 14 Uhr – den Rasen mähte. Achten Sie darauf, ob sich Ihr Gesprächspartner in seinem Bericht auf Gewohnheiten und Rituale bezieht – wenn ja, haben Sie es wahrscheinlich mit einer (in diesem Fall zumindest) ehrlichen Haut zu tun.

False Memory Syndrome – das trügerische Gedächtnis

Die zweiundzwanzigjährige Ericka Ingram packte aus: Als Kind sei sie von ihren Eltern für satanische Rituale missbraucht worden. Blut sei aus Bibeln geflossen, Spinnen seien in sie eingeführt worden, ihre Peiniger hätten sie abwechselnd vergewaltigt und dabei Föten gegessen. Einmal sei sie schwanger geworden – da setzte man sie auf dem Altar unter Drogen und trieb ihr Kind mit einem Kleiderbügel ab; die zerstückelte Babyleiche sei dann auf ihre Brust gelegt worden.

Erst schüttete Ericka ihrer Mutter das Herz aus – ihr Vater hätte sie missbraucht. Einige Wochen später beschuldigte sie auch die Mutter. Es gab keinerlei Beweise für die Anschuldigungen. Hassbriefe ihres Vaters entpuppten sich als von Ericka selbst verfasst, immer mehr psychische Probleme der Tochter kamen ans Licht. Zudem hatte sie sich schon länger mit Literatur über Satanskulte beschäftigt, in der genau dieselben Praktiken detailliert beschrieben wurden. Tatsächlich kennen weder FBI noch Interpol eine Sekte, die derartiges tatsächlich praktiziert – schon rein physisch erscheint es unmöglich.

Ericka Ingram ist ein Extremfall, aber doch kein Einzelfall. Immer wieder kommt es zu absurden Anschuldigungen gegen Mütter und Väter. Abgesehen von Eltern, die Kindern Szenarien suggerieren, um den Expartner bei einem Sorgerechtsstreit auf Kosten des Lebensglücks des Kindes zu »besiegen«, sind häufig falsche Therapiemethoden verantwortlich – vor allem eine Methode, mit der man angeblich Erinnerungen zurückholen kann.

Der populäre Ratgeber *Trotz allem – Wege zur Selbstheilung für Frauen, die sexuelle Gewalt erfahren haben* (*The courage to heal: A guide for women survivors of child sexual abuse*) rät den Leserinnen, auf jeden Fall davon auszugehen, dass sie in ihrer Kindheit missbraucht worden seien. Bereits bei den kleinsten Anzeichen (Kopfschmerzen, Herzklopfen, mangelnde Zahnpflege) könne sich die Frau sicher sein.

Vertreter der »Verdrängungstheorie« gehen so weit, gerade den Mangel an Beweisen als Beweis zu sehen – ein gefährlicher Unfug. Verhörexperten wie die Wissenschaftler Richard Ofshe und Ethan Watters sind der festen Meinung, dass Methoden zum angeblichen Zurückholen von Erinnerungen diese oftmals erst kreieren. Die zahlreichen Fälle, in denen Menschen aufgrund falscher Erinnerungen verurteilt wurden, haben in den USA zur Schaffung der *False Memory Syndrome Foundation* (FMSF) geführt, der zahlreiche bedeutende Wissenschaftler angehören.

Was Paul Ingram, Erickas Vater, angeht, so bekannte er sich überraschend schuldig und wurde am 20. April 1990 zu zwanzig Jahren Haft verurteilt – 2003 kam er wieder frei. Alles deutet darauf hin, dass nicht nur Ericka, sondern auch er schließlich falschen Erinnerungen zum Opfer fiel.

6. Details über Gespräche

Wer lügt, erzählt meist nur, *was* geschehen ist, und nicht, *wie* es geschehen ist. Diese Beobachtung erstreckt sich auch auf konkrete Wortwechsel: Wenn jemand schildert, *wie* etwas geäußert wurde, statt nur, *dass* es geäußert wurde, sagt er wahrscheinlich die Wahrheit. Also nicht nur: »Er sagte, wir sollten was essen gehen.«, sondern: »Er sagte, dass er schon seit einer Stunde Hunger habe und endlich was essen gehen wolle.« Nicht nur der Inhalt ist entscheidend, sondern *wie* dieser Inhalt ausgedrückt wird.

7. Details über Komplikationen

Lauscht man einer Lügengeschichte, könnte man fast meinen, auf der Welt gäbe es keine Probleme – alles läuft glatt: »Wie war's gestern?« – »Schön.« Leider wissen wir, dass die Wahrheit so gut wie immer anders aussieht – irgendwelche Komplikationen treten zwangsläufig auf. Wenn ein Zeuge aber davon berichtet, dass während eines Überfalls in der Nähe ein Feueralarm losging, der alle – Räuber wie Beraubte – kurzzeitig aus dem Konzept brachte, liegt ein Anhaltspunkt für die Wahrheit vor.

8. Harmonische Detailkenntnis

Hat man es mit einem versierten oder akribisch planenden Lügner zu tun, kann es sein, dass er sich im Vorhinein zahlreiche Details zurechtgelegt hat. Allerdings erstrecken sich diese Details in der Mehrzahl der Fälle nur auf den unmittelbaren Bereich der Lüge.

Verhörexperten fangen daher gerne mit Fragen nach den kleinsten Einzelheiten des Tages an, an dem die Tat begangen wurde: Natürlich »erinnert« sich der Verhörte zuverlässig an Details wie Uhrzeiten, Mahlzeiten und so weiter. Dann fragen sie plötzlich nach dem darauffolgenden oder vorherigen Tag – und siehe da: Plötzlich kann sich der Befragte nicht entsinnen, was an diesen Tagen geschehen ist. Kennt sich jemand erstaunlich gut mit sämtlichen Details rund um das fragliche Ereignis aus, hat aber ansonsten keine Ahnung, erzählt er wahrscheinlich Märchen – denn seine Detailkenntnis ist einfach nicht »harmonisch«.

9. Überzeugende Erinnerungslücken

Als Rechtsreferendar saß ich bei zahlreichen Verhandlungen am Frankfurter Amtsgericht neben Richterin Wild. So abwechslungsreich jeder Tag auch war, so gab es kaum eine Verhandlung, in der der Angeklagte nicht behauptete, sich an nichts erinnern zu können. Warum auch nicht? Wie kann man nachweisen, dass sich jemand an etwas erinnert? Schließlich ist das Gedächtnis Privatsache, weshalb kaum etwas leichter ist, als von einem vermeintlichen Blackout zu erzählen.

Wichtige Ereignisse aber bleiben lange im Gedächtnis haften: Entscheidende Momente, ob schön oder schrecklich, tragen wir ein Leben lang mit uns herum. Doch sogar relativ wichtige Begebenheiten – wie unser erster Schultag oder unser erstes Date – verblassen mit der Zeit. Wesentlich für das Vergessen sind zwei Gründe: Entweder war das Ereignis unwichtig oder es liegt bereits lange zurück.

Wie also feststellen, ob sich der Angeklagte tatsächlich an nichts mehr erinnert? Hier hilft uns der vorige Punkt, die sogenannte »harmonische Detailkenntnis«, weiter: Der Befragte macht sich auf jeden Fall verdächtig, wenn er sich an manche, eigentlich unwesentliche Details aus derselben Zeit erinnert, das Entscheidende aber vergessen hat. Weiß er noch ganz genau, dass er am 11. Dezember ein Steak mit einer Ofenkartoffel zu Mittag aß und dass an diesem Tag Eisbär Knuts Cousine in einem fränkischen Zoo geboren wurde, während er sich beim besten Willen nicht erinnern kann, wohin er am folgenden Wochenende verreiste, dann stimmt etwas nicht.

Viel überzeugender wirkt ein Eingeständnis von zufälligen Erinnerungslücken: Der Verdächtige räumt ein, sich nicht an alle Details – auch nicht über den Tag der Tat – erinnern zu können. Allerdings darf man nur solchen Hinweisen Glauben schenken, die ungefragt im Verlauf einer längeren Erzählung fallen, also nicht als direkte Antwort auf eine kritische Frage.

Achten Sie auf größere Lücken, wenn jemand eine Geschichte zum Besten gibt. Zum Beispiel: »Wir waren einkaufen, und kurz darauf hatte sie Hunger.« Hier fehlt offensichtlich eine ganze Zeitspanne. Gute Indizien dafür sind Wendungen wie »später«, »kurz darauf« oder »irgendwann danach«. Wollen Sie mehr über einen Zeitraum erfahren, den Ihr Gegenüber geflissentlich übergangen hat, lohnt es sich, an den detailarmen Stellen nachzuhaken: »Du warst also gestern zu Hause und hast *Wetten dass ...?* gesehen. Was war denn die beste Wette?« Lügner sind auf derartige Fragen nicht gefasst, sie erwarten kein Nachbohren nach scheinbar nebensächlichen Details.

Eine Anekdote am Rande: Ein Stellenbewerber führte in seinem Lebenslauf »Weine« als Hobby an. Der Personalchef, der das Vorstellungsgespräch leitete, kannte sich nicht mit Wein aus, wusste aber, dass Nachhaken eine wirksame

Methode ist, um die Ehrlichkeit des anderen zu testen. So fragte er den hoffnungsvollen Bewerber nach seinem Lieblingswein – und die Antwort des vermeintlichen Hobby-Connaisseurs fiel kürzer aus als erwartet: »Rotwein.« Man muss nicht viel wissen, um effektiv nachzuhaken – mangelnde Details offenbaren sich erstaunlich leicht.

10. Unstrukturierte Darstellung – Lügen sind rigide

Lügen sind einstudiert; daher werden sie meist stur von vorne nach hinten erzählt. Wenn jemand ehrlich ist, schildert er ein Ereignis in der Regel unstrukturiert. Vergewaltigungsopfer etwa springen in ihrer Erzählung: »Wie konnte ich nur so naiv sein ... Er hat mich überall angefasst ... Als ich ihn kennengelernt habe, sah er völlig normal aus.«[8] Erzählt jemand absolut chronologisch, obwohl er eigentlich aufgewühlt sein sollte, darf man misstrauisch werden. Mit einer Einschränkung: Wenn das Opfer die Geschichte zum wiederholten Mal wiedergibt, wird sie selbstverständlich geordneter.

Gerade bei einer wiederholten Erzählung verändern sich aber Perspektive und Wortwahl ein wenig – außer bei einer Lüge: Hier sind die einzelnen Schritte ganz genau überlegt. Ein Lügner kontrolliert seine Erzählung fortwährend und weicht nie von seinem Plan ab.

Manchmal verbessern sich vermeintliche Lügner während der Erzählung spontan oder fügen zusätzliche Informationen an – ein deutlicher Hinweis darauf, dass sie die Wahrheit sagen: »Gestern Mittag, das heißt, es war wohl eher schon Nachmittag, war ich zu Hause.« oder »Ich bin unser Angebot gestern noch mal mit dem Vertriebsleiter durchgegangen, und – ach ja, der Marketingmanager war übrigens auch dabei – und wir können da leider wirklich nichts machen.«

Mit Einwänden gegen die Richtigkeit der eigenen Aussage verhält es sich genauso: Gerade wenn der Gesprächspartner eingesteht, dass seine Erzählung wohl nicht sehr plausibel klingt, darf man ihm glauben. Etwa: »Ja, dass ich gestern schon nach der *Tagesschau* eingeschlafen bin, ist wirklich sonderbar.«

Scheinbare Erinnerungen erzeugen

Wie kann es sein, dass Menschen so oft glauben, sie würden sich an etwas erinnern, das nie stattgefunden hat? Der Schlüssel liegt im menschlichen Gehirn: Das Gedächtnis ist keine Schublade, in der unsere Erinnerungen herumliegen, um bei Bedarf herausgekramt zu werden.

Die Psychologin Elizabeth Loftus machte eine faszinierende Entdeckung: Tatsächlich konstruiert das Gehirn bei jedem Erinnern das Erlebte neu – abhängig von Stimmung, aktuellen Erfahrungen und gerade bestehenden Vorurteilen. Deshalb ist es gar nicht so schwierig, falsche Erinnerungen zu wecken. In einem Experiment fiel es Studenten sehr leicht, Verwandte dazu zu bringen, sich an Erfindungen zu »erinnern« – etwa daran, dass man sich einmal gemeinsam in einem Einkaufszentrum verlaufen hätte. Die Techniken, die dabei angewandt wurden, bestanden im Wesentlichen aus simplen Fragen wie »Weißt du noch, wie wir uns damals in der Shopping Mall verlaufen haben?«.

Wie einfach es ist, die Erinnerung anderer Menschen durch Fragen zu beeinflussen, demonstrierte ein Experiment des jungen Psychologiedozenten James Ost: Er erkundigte sich bei den Versuchspersonen, ob sie den Film kannten, der den Autounfall von Lady Di und Dodi Al-Fayed zeigte. Ganze 45 % der Testpersonen gaben an, den Film tatsächlich gesehen zu haben – obwohl ein solcher Film schlicht nicht existiert. Man muss nur eine bestimmte Gegebenheit voraussetzen – schon glaubt der Befragte daran und passt sogar unbewusst seine Erinnerung an.

Ein Experiment von Elizabeth Loftus und John C. Palmer ging subtiler vor: Zahlreichen Versuchspersonen wurde eine Videoaufnahme eines Autounfalls präsentiert. Danach stellte man allen die gleiche Frage, die sich aber jeweils in einem Wort unterschied: »Wie schnell fuhren die Autos, als sie sich berührten / aufeinanderstießen / aneinanderprallten / kollidierten / sich zerschmetterten (made contact / hit / bumped / collided / smashed)?« Als man die Versuchspersonen eine Woche später fragte, ob sie in dem Unfallfilm zersplitterndes Glas gesehen hätten (tatsächlich war keines zu sehen gewesen), bejahten 14 % derjenigen, die »hit« gehört hatten, und ganze 32 % derjenigen, die »smashed« gehört hatten. Durch die gezielte Verwendung bestimmter Wörter kann man also Bilder im Kopf der Gesprächspartner erzeugen, die die Erinnerung verändern.

Fazit

Lügner müssen stets auf der Hut sein: Um sich nicht zu verraten, kontrollieren sie pausenlos ihre Gestik und Mimik. Tatsächlich wirken sie dadurch aber auffällig steif und hölzern, da die vielen kleinen, unbewussten Bewegungen wegfallen, die einen Menschen mit gutem Gewissen kennzeichnen. Passen Sie daher auf, ob die Körpersprache Ihres

Gesprächspartners starr und angespannt ausfällt. Hier ist es besonders wichtig, Veränderungen wahrzunehmen: Hat der vermeintliche Lügner auch bei der vorherigen Plauderei keinen Finger gerührt, ist das vielleicht einfach seine Art. Gestikulierte er zuvor wild wie Louis de Funès, um sich kurz darauf in einen englischen Butler alter Schule zu verwandeln, genügt schon diese Beobachtung, um auf eine Lüge zu schließen.

Auch dem Inhalt von Lügen fehlt es an Lebendigkeit. Um festzustellen, welche Kriterien *wahre* Aussagen kennzeichnen, wurden die effektivsten Anhaltspunkte aus den Verhörmethoden des *Statement Validity Assessment* und des *Reality Monitoring* herangezogen: Wahre Schilderungen enthalten eine Vielzahl von Details – vor allem ungewöhnliche, ausgefallene Details sowie nebensächliche Einzelheiten über Uhrzeiten, Örtlichkeiten etc. Außerdem darf man dem Gegenüber vertrauen, wenn es auch Komplikationen erwähnt – in Lügengeschichten läuft in der Regel alles glatt.

Besonders interessant wird es, wenn der Gesprächspartner über eine sehr präzise Erinnerung verfügt, was bestimmte Zeitabschnitte angeht, anderes aber unerklärlicherweise vergessen hat – eine solch inkonsistente Erinnerung ist kaum glaubwürdig, sondern deutet auf eine vorher einstudierte Erzählung hin. Schließlich handelt es sich auch bei auffällig starren Erzählungen oft um Lügen – wahre Geschichten wirken unstrukturiert und erlauben nachträgliche Verbesserungen.

Es ist schon erstaunlich: Viele Menschen denken, gerade die eben genannten Anhaltspunkte für wahre Aussagen wären todsichere Hinweise auf Lügen. So glauben sie etwa, eine Lüge würde mehr ungewöhnliche und überflüssige Details enthalten.[9] Kein Wunder, dass die meisten Leute so bereitwillig auf Lügen hereinfallen. Wenn Sie das Prinzip der Verhaltenskontrolle im Kopf behalten, werden Sie den anderen immer einen Schritt voraus sein. Dafür müssen Sie sich nicht mal jeden einzelnen Punkt dieses Kapitels merken: Achten Sie einfach auf außergewöhnlich steife Körpersprache, Detailarmut und rigide Erzählweise. Und wenn Sie misstrauisch werden, haken Sie nach – dadurch bringen Sie den Lügner zusätzlich in Schwierigkeiten, was die Verhaltenskontrolle noch auffälliger werden lässt.

AUF EINEN BLICK

Verhaltenskontrolle

Körperliche Merkmale
- Hölzerne, steife Körpersprache
- Wenige kleine, unbewusste Bewegungen (Manipulatoren)
→ Wichtig: Veränderungen beobachten!

Inhaltliche Merkmale
Fehlen diese Merkmale auffällig oft, handelt es sich um eine Lüge:
- Zahlreiche Details
- Ungewöhnliche Details
- Unverstandene Details
- Details über Gedanken und Sinneswahrnehmungen
- Details über Raum und Zeit
- Details über Wortwechsel
- Schilderung von Komplikationen
- Harmonische Detailkenntnis
- Glaubwürdigkeit von Erinnerungslücken
- Unstrukturierte Erzählung

»Keiner von uns könnte mit einem
notorisch ehrlichen Menschen leben;
aber zum Glück
muss das ja auch niemand.«

MARK TWAIN

Das Puzzle zusammensetzen

Sie haben nun fünf Prinzipien kennengelernt, die Ihnen dabei helfen, Lügen zu entlarven. Diese kristallisierten sich heraus, während ich die wirksamsten Methoden aus Forschung und Praxis analysierte. Jede bekannte und effektive Technik wurde eingearbeitet, alle Gesichtspunkte des Entlarvens wurden systematisiert und in ein übersichtliches Konzept integriert. Diese Übersicht ist einmalig: Die meisten Ratgeber (fast ausschließlich auf dem US-Markt zu erwerben) geben völlig überholte Informationen wieder; akademische Aufsätze und Bücher dagegen sind für den Laien mühsam zu lesen und kaum praktisch anwendbar.

Mein Ziel war es, Ihnen die Gedanken hinter den Methoden näherzubringen, damit Sie keine langen Checklisten auswendig lernen müssen, sondern die allgemeinen Mechanismen des Entlarvens verstehen. Manche dieser fünf Prinzipien kann man nach dem ersten Lesen direkt anwenden, andere erfordern etwas Übung. Alle hier genannten Kennzeichen der Lüge sind ohne weitere Anstrengungen zu beobachten – Sie müssen nicht einmal aktiv am Gespräch beteiligt sein, um sie zu registrieren. Meist würde es sogar genügen, Filmaufnahmen vom Lügner zu sehen, Stimmaufnahmen zu hören oder Interviews zu lesen. Doch wenn Sie aktiv eingreifen, um den Lügner aus dem Konzept zu bringen und unter Druck zu setzen, wird er sich noch leichter verraten. Die wichtigste Technik ist dabei die des Nachhakens: So erhöhen Sie Stress, sabotieren die Verhaltenskontrolle und provozieren Auffälligkeiten.

Die folgende Übersicht fasst die fünf Prinzipien zusammen:

Prinzip	Beobachten	Verstärken
Verhaltensänderung	Normalverhalten (Baseline) feststellen, dann Veränderungen beobachten – dazu öfter das Thema wechseln und evtl. Lügen provozieren.	Veränderungen durch Reflexfragen hervorrufen, die nur der Lügner als Anschuldigung erkennt.
Drei Emotionen	Auf Angst, Schuldgefühl und Freude über die Täuschung achten – vor allem, wenn Gefühle unpassend wirken.	Auf hervorragende Entlarvungsquote hinweisen, um nur die Angst des Lügners zu verstärken. Persönliche Beziehung unterstreichen, um Schuldgefühle zu intensivieren.
Disharmonien	Unstimmigkeiten registrieren, vor allem asymmetrische Gesichtsausdrücke (künstliches Lächeln).	

Prinzip	Beobachten	Verstärken
Disharmonien *(Fortsetzung)*	Mikro-Ausdrücke und *Emblems* verraten die Wahrheit.	
Stressanzeichen	Warnsignale: hohe Stimme, verzögertes Sprechen (Pausen, Wiederholungen, Nachdenken), körperliche Stresssymptome (Blinzeln, Rituale).	Immer weiter nachfragen, die Lüge erschweren, schweigen oder Köderfragen stellen (Wissen vorgaukeln). Schließlich Geständnis als Ausweg anbieten.
Verhaltenskontrolle	Auf hölzerne Körpersprache, detailarme und rigide Erzählungen achten.	Verhaltenskontrolle durch beständiges Nachhaken sabotieren.

Machen Sie sich bei entscheidenden Gesprächen anfangs ruhig Notizen, sofern dies in der aktuellen Situation möglich ist (zum Beispiel bei Meetings oder Bewerbungsgesprächen) – dadurch behalten Sie leichter den Überblick und erhöhen zugleich die Angst des Lügners, wenn Sie es denn tatsächlich mit einem solchen zu tun haben.

Die fünf Prinzipien sind klar voneinander abgegrenzt, greifen aber häufig ineinander: Vor allem das Prinzip der Verhaltensänderung bleibt stets relevant – gerade, wenn man Stresssymptome oder Anzeichen der Verhaltenskontrolle beobachten will, muss man immer auf Veränderungen achten. Auch Stress und die Emotion Angst weisen einige Parallelen auf.

Kommen wir zum Ernstfall! Ein kritisches Gespräch steht Ihnen bevor, Sie rechnen damit, dass Ihr Gegenüber vielleicht nicht die ganze Wahrheit sagen wird. Wie kommen Sie dahinter, was richtig ist, was falsch? Ich empfehle, die fünf Prinzipien in der folgenden Reihenfolge anzuwenden:

→ *Beobachten:*
- Weicht das Verhalten des Gesprächspartners plötzlich von der Baseline ab?
- Tritt eine der drei Emotionen (Angst, Schuldgefühl, Freude) unpassenderweise auf?
- Haben Sie das Gefühl, dass »etwas nicht stimmt«?
  → Wenn ja, identifizieren Sie die Disharmonien: Achten Sie gezielt auf Unstimmigkeiten, vor allem auf einen künstlichen Gesichtsausdruck.
- Können Sie Mikro-Ausdrücke und *Emblems* identifizieren, die die wahren Gedanken des Gegenübers zeigen?
- Macht der andere einen ungewöhnlich gestressten Eindruck?
- Wirkt der Gesprächspartner hölzern und leblos? (Auf Körpersprache und Inhalt achten.)

Wenn das reine Beobachten keine Klarheit bringt:
→ *Aktiv werden:*
- Erwecken Sie den Eindruck, hervorragend im Entlarven zu sein, um die Angst des Lügners zu erhöhen, die des Ehrlichen zu minimieren.
- Machen Sie auf Ihr gutes Verhältnis zum vermeintlichen Lügner aufmerksam, um Schuldgefühle zu intensivieren.

- Stellen Sie Reflexfragen, die einen Lügner stutzen lassen würden.
- Erhöhen Sie den Stress: Haken Sie beständig nach, schweigen Sie und stellen Sie Köderfragen.
- Wenn Sie ein Geständnis erwirken wollen: Zeigen Sie die beiden Wege auf – Wahrheit und Lüge –, und lassen Sie die Wahrheit erstrebenswert wirken.
- Versprechen Sie dem vermeintlichen Lügner eine moralische Amnestie.

Glücklicherweise können alle Wahrheitssuchenden auf ein bestimmtes psychologisches Phänomen zählen – auf den *Motivational Impairment Effect*: Je mehr sich der Lügner anstrengt, nicht entlarvt zu werden, desto offensichtlicher werden die Anzeichen der Lüge.[1] Mit anderen Worten: Je wichtiger die Lüge für den Lügner, desto leichter ist er zu durchschauen. Die hier beschriebenen Symptome treten also gerade dann deutlich auf, wenn es um etwas Entscheidendes geht.

Im Übrigen ist es besonders schwierig, Kinder zu entlarven: Auch wenn Erwachsene ihnen gegenüber oft misstrauischer sind, enttarnen sie in Experimenten nur 25 % der Kinderlügen (Eltern schneiden allerdings etwas besser ab).[2] Der Grund: Viele der typischen Verhaltensmuster von Kindern kommen ihnen beim Lügen äußerst gelegen – Kinder sprechen in der Regel in kürzeren Sätzen, die den Erwachsenen nur wenig Anhaltspunkte liefern, zumal man sich auf diese Weise kaum in Lügen verheddert. Außerdem zeigen Kinder weniger spontane Gesichtsausdrücke und müssen sie daher auch nicht unterdrücken. Am besten fahren die Erwachsenen noch, wenn sie nur auf die Worte der Kinder achten – denn die Körpersprache der Kleinen täuscht am besten. Grundsätzlich aber greifen die fünf Prinzipien bei Kindern genauso wie bei Erwachsenen.

Da es sich um grundlegende Prinzipien handelt, die nicht von spezifischen Gesten und Worten abhängen, sind sie interkulturell einsetzbar. Sicher, unterschiedliche Kulturen setzen zum Beispiel Körpersprache verschieden ein – dennoch: Verhaltensänderung, Stress, Disharmonien, Verhaltenskontrolle und auch die drei Emotionen treten überall auf.[3]

Bevor ich Sie in den Dschungel von Lüge und Wahrheit entlasse, möchte ich Ihnen noch drei Grundregeln mit auf den Weg geben.

Erste Grundregel: So viel wie möglich

Ziehen Sie immer so viele Indizien wie möglich heran. Wer sich auf einzelne Anzeichen versteift, kann leicht getäuscht werden. Einzelne Hinweise sind ohne Weiteres zu kontrollieren – so führen versierte Pokerspieler ihre Gegner in die Irre, indem sie sogenannte *False Tells* anwenden: Der Spieler hustet eine Weile lang immer dann, wenn er blufft. Steigen die Einsätze dann in einer Runde ins Unermessliche, hustet er wieder, um den Mitspielern vorzugaukeln, er würde abermals bluffen – so treibt er die Einsätze noch weiter in die Höhe. Tatsächlich aber hält er ein Full House.

Es gibt sowieso kein einzelnes, zuverlässiges Merkmal für die Lüge – beobachten Sie daher immer möglichst viele Anhaltspunkte, um sich gegen Manipulation zu wappnen. Deshalb sollte das Gespräch mit dem vermeintlichen Lügner auch möglichst lang andauern: Je ausführlicher die Unterhaltung, desto eher werden zahlreiche verräterische Signale sichtbar.

Zweite Grundregel: Andere Faktoren im Kopf behalten

Jede Beobachtung, die auf eine Lüge hindeutet, könnte auch einen ganz anderen Grund haben. Möglicherweise ist Ihr Gegenüber einfach nur müde. Auch Ausnahmesituationen, Statusunterschiede und besondere Beziehungen zwischen den Gesprächspartnern führen zu Abweichungen vom Normalverhalten. Beim ersten Kennenlernen geben sich Menschen ohnehin häufig anders als sonst: Sie bemühen sich, einen guten Eindruck zu machen, und zeigen dadurch Stresssymptome. Schließen Sie also nicht voreilig auf eine Lüge, sondern behalten Sie immer im Hinterkopf, dass auch andere Faktoren hinter auffälligem Verhalten stehen könnten, die Sie erst ausschließen müssen.

Dritte Grundregel: Neutrale Orte

Ein gutes Mittel, um solche Störfaktoren so gering wie möglich zu halten, ist die Wahl eines neutralen Orts für das Gespräch. Nichts sollte von der Unterredung ablenken, auch kein Telefon oder dergleichen, damit jegliches Verhalten dem Verhör und der möglichen Lüge zugeschrieben werden kann.

Vermuten Sie eine Lüge, versuchen Sie am besten, mit dem Lügner in Ruhe und auf möglichst neutralem Terrain zu sprechen. Suchen Sie das Gespräch unter vier Augen – denn wer eine Lüge einräumt, steht sowieso schon ziemlich schlecht da. Erinnern Sie sich noch an das letzte Mal, als Sie jemandem etwas gestanden haben? War es vor einer Gruppe oder in einem vertrauten Zwiegespräch?

Außerdem sollten Sie keine Barriere zwischen sich und dem vermeintlichen Lügner aufbauen, damit buchstäblich nichts zwischen Ihnen und Ihrem Gegenüber steht. Moderne Polizeiverhöre finden in Räumen ohne Schreibtisch statt. So können die Verhörenden zudem die gesamte Körpersprache des Befragten beobachten.

Der Vogelstrauß-Effekt

Aus drei Gründen fallen Menschen ständig auf Lügen herein: Erstens ist es für den ungeschulten Beobachter sehr schwierig, Lügen zu enttarnen, da die Unterschiede zwischen Wahrheit und Unwahrheit oft minimal ausfallen. Zweitens führt eine Reihe typischer Fehler dazu, dass Wahrheit und Lüge immer wieder verwechselt werden. Mit diesem Buch hoffe ich, diese beiden Schwierigkeiten so weit wie möglich ausgeräumt zu haben.

Was den dritten Grund angeht, bin ich machtlos: Manchmal will man die Wahrheit gar nicht wissen, frei nach dem deutschen Dramatiker August von Kotzebue: »Wahrheit ist eine widerliche Arznei; man bleibt lieber krank, ehe man sich entschließt, sie einzunehmen.«

Dieses Phänomen hat der Psychologe Aldert Vrij als »Vogelstrauß-Effekt« (*Ostrich Effect*) bezeichnet. Eheleute etwa verschließen häufig die Augen vor der Untreue des Partners, weil sie sich insgeheim vor der Einsamkeit fürchten. Deshalb ignoriert sie beispielsweise, dass er immer häufiger spät von der Arbeit nach Hause kommt und nach einem fremden Parfüm duftet. Je länger derartige Anzeichen beiseite geschoben werden, desto stärker wird die Verdrängung – man lebt eine Lüge. Im Berufsleben ist es nicht anders: Wenn jemand versehentlich einen Blender einstellt und die ersten Anzeichen für dessen Inkompetenz geflissentlich ignoriert, begibt er sich in große Gefahr – denn je länger er den Kopf in den Sand steckt, desto peinlicher wird es, wenn dann doch herauskommt, dass seine letzte Personalentscheidung falsch war.

Sprich: Auch wenn Lügen das Leben manchmal tatsächlich leichter machen, lohnt es sich praktisch nie, sich langfristig in die eigene Tasche zu lügen – und wer der Versuchung doch nicht widerstehen kann, muss mit negativen Konsequenzen rechnen. »Eine schmerzliche Wahrheit ist besser als eine Lüge«, um es mit Thomas Mann auf den Punkt zu bringen.

Schluss

Erinnern Sie sich noch an Wayne A. und Antonio I.? Die beiden Herren, die fürstlich im Frankfurter Luxushotel logierten, um dann zu türmen, ehe sie die Rechnung beglichen hatten? Zugegeben, eine fragwürdige Aktion – aber war es wirklich ein Betrug, zu dem eben der Vorsatz gehört? Das bleibt mehr als zweifelhaft. Trotzdem wurden die beiden Australier als Betrüger verurteilt – der Richter war sich seiner Sache sicher.

Es sollte selbstverständlich sein, dass gerade Richter, die ein so hohes Ziel wie die Gerechtigkeit verfolgen, professionelle und wissenschaftlich fundierte Techniken erlernen, um tagtäglich zwischen wahr und falsch zu unterscheiden. Doch derartige Schulungen gibt es nicht. Jahrelange Berufserfahrung ist auch keine Alternative: Zum einen erfahren Richter und Polizisten nur in den seltensten Fällen jemals die Wahrheit über die Fälle, mit denen sie sich herumgeschlagen haben – man kann ohne Weiteres dreißig Jahre lang täglich belogen werden. Und wenn sie doch eines Tages dahinterkommen, was wirklich geschehen ist, können sie sich oft nicht mehr daran erinnern, wie der Beschuldigte im Einzelnen auf die Anschuldigungen reagiert hatte.

Tatsächlich ist es sogar schädlich, wenn jemand »Erfahrung« im Entlarven von Lügen sammelt, ohne zuvor geschult zu werden: Erfahrung führt zu gesteigertem Selbstvertrauen, und je selbstsicherer der (naive) Wahrheitsfinder auftritt, desto häufiger liegt er falsch.[4] Ein Beispiel: Der amerikanische Richter und Rechtsphilosoph Jerome N. Frank erzählt von einem Kollegen, der am Ende seiner langen Richterlaufbahn schilderte, dass er unehrliche Zeugen immer daran erkannt habe, dass sie sich während der Aussage die Hände rieben – ein völlig unsinniges Kriterium!

Erschwerend kommt hinzu, dass der Ablauf von Gerichtsprozessen die Lüge eher fördert als behindert: Bis zum ersten Prozesstag hat der Angeklagte reichlich Zeit, seine Aussage vorzubereiten, wodurch die Lüge detaillierter und stichhaltiger und der Lügner selbstsicherer wird – vielleicht glaubt er bis dahin schon selbst an seine ganz eigene Version der Wahrheit. Die Tatsache, dass auch Unschuldige vor Gericht von Natur aus Angst empfinden, macht das Entlarven ebenfalls nicht leichter, zumal direkt mit der Tat verbundene Emotionen bis dahin längst abgekühlt sind. Bessere Chancen hat derjenige, der den Lügner zuerst verhört, etwa die Polizei oder das Jugendamt. Dennoch: Ein Richter kann und sollte seine Wahrheitsfindung verbessern – indem er die fünf Prinzipien lernt und anwendet.

Ob in der Justiz, in der Politik, in der Wirtschaft oder im Privatleben – mit diesen fünf Prinzipien werden Sie den Lügen Ihrer Mitmenschen zuverlässiger auf die Schliche kommen als je zuvor. Ohne Schulung liegt die Treffsicherheit bei etwa 50 %. Durch die in diesem Buch geschilderten Techniken können Sie diese Treffsicherheit maßgeblich steigern. Wie schon zu Beginn erörtert: Allein indem Sie auf disharmonische Gesichtsausdrücke achten, können Sie Ihre Entlarvungsrate auf 67–80 % erhöhen; wenn Sie zudem die Stimme berücksichtigen, kommen Sie auf ca. 86 %; und wenn Sie auch noch die Körpersprache gemäß den hier beschriebenen Prinzipien beobachten, ist eine Erfolgsquote von über 90 % möglich.[5] Damit übertrifft man jeden bekannten Lügendetektor (wenn nicht ausnahmsweise ein Tatwissenstest mit sieben Fragen möglich ist) – sprich: Der menschliche Lügendetektor ist ungeschlagen. Auch die modernsten technischen Errungenschaften, die immer wieder am Rande erwähnt wurden, können es nicht mit einem geschulten Menschen aufnehmen. Denn anders als der Lügendetektor kann der Mensch mehr als nur die bloße (körperliche) Veränderung registrieren – er kann eine Vielzahl von Anzeichen wahrnehmen, von Mikro-Ausdrücken bis hin zur Detailarmut.

Machen Sie sich die fünf Prinzipien immer wieder bewusst, und Sie werden sehen: Die Wirkung lässt nicht lange auf sich warten. Ihre Gesprächspartner werden verblüfft sein, dass Sie so sicher zwischen Wahrheit und Lüge unterscheiden können. Ja, wahrscheinlich werden Sie selbst erstaunt sein. Denn auch wenn Sie sich nicht jedes Detail merken, genügt das Verständnis der Prinzipien, um Lügen im entscheidenden Moment zu entlarven. Sie werden nicht nur den Konflikt zwischen Schein und Wirklichkeit erkennen – Sie werden die Wahrheit sehen.

*»Es gibt drei Dinge auf der Welt,
die nicht lange verborgen werden können:
die Sonne, der Mond und die Wahrheit.«*

KONFUZIUS

ANHANG

Anmerkungen

Wie es zu diesem Buch kam

[1] Vrij, 2008, S. 108; Bond & Lee, 2005; Colwell et al., 2002; Newman et al., 2003; Zhou et al., 2004; Ekman, 2001, S. 290, 331, 350.

Einleitung

[1] Attraktivität: Aune et al., 1993; Bull & Rumsey, 1988. Baby-Face: Masip et al., 2003 a, b, 2004; Zebrowitz et al., 1996.
[2] Bond, Omar, Mahmoud & Bonser, 1990.
[3] Ekman, 2001, S. 339.
[4] Cheney & Seyfarth, 1990, S. 189; Bond et al., 1985, S. 341; Ekman, 2001, S. 339 ff.
[5] Park, Levine, McCornack, Morrison & Ferrara, 2002.
[6] Ekman, 2001, S. 292; Vrij, 2008, S. 162; über Verkäufer: DePaulo & DePaulo, 1989.
[7] Über das geschlechtsspezifische Lügenverhalten: DePaulo & Bell, 1996; DePaulo, Kashy et al., 1996; Feldman et al., 2002; Vrij, 2008, S. 26 ff.; über die Beliebtheit der Frau: Reis, Senchak, Solomon, 1985.
[8] Benz et al., 2005; Eyre et al., 1997; Keenan et al., 1997; Tooke & Camire, 1991; Whitty, 2002; Vrij, 2008, S. 28.
[9] Bussey, 1992; Lewis, 1993; Saarni, 1979; Stouthamer-Loeber, 1986; Wilson et al., 2003; Vrij, 2008, S. 29; s. auch LaFreniere, 1988; Sodian, 1991; Ford, 1996, S. 70. Über Zweijährige: Chandler; Fritz & Hala, 1989.

[10] Self, 2005; Ekman, 2001, S. 15 f.
[11] Novack et al., 1989; Kennedy & Bakst, 1966.

I. Verhaltensänderung

[1] Vrij, 2008, S. 294; Ekman, 2001, S. 197.
[2] Elaad, 1993; Ford, 1996, S. 227.
[3] Brandt et al., 1980 a, b; 1982; Felley et al., 1995.
[4] Lykken, 1998, S. 274; Biddle, 1986; Honts et al., 1994; Kleinmuntz & Szucko, 1984; Ford, 1996, S. 233; Vrij, 2008, S. 314.
[5] Ekman et al., 1991; Vrij et al., 2004; Vrij et al., 2000; Vrij & Mann, 2004.
[6] Vrij, 2008, S. 51; Buller & Burgoon, 1996; Burgoon et al., 1999; Stiff et al., 1994; White & Burgoon, 2001.
[7] Vrij, 2008, S. 51; Kleinke, 1986; Davis & Hadiks, 1995; Matarazzo et al., 1970.
[8] s. dazu Hartwig et al., 2006; Leo, 1996 a; Vrij, 2008, S. 385 f., S. 414.
[9] Podlesny & Raskin, 1977; Lykken, 1998; Raskin & Honts, 2002.
[10] s. Leo, 1996.
[11] Lieberman, 1999, S. 68 ff.

II. Die drei Emotionen

[1] Vrij, 2008, S. 46; Ofshe & Leo, 1997; Bond & Fahey, 1987.
[2] Vrij, 2008, S. 363 f.
[3] z. B. Snyder & Cantor, 1979.
[4] Vrij, 2008, S. 41.
[5] De Paulo et al., 1993; DePaulo et al., 1996; Vrij, 2008, S. 43 f.
[6] Vrij, 2008, S. 44.
[7] Conrad, 1975; Clance & Imes, 1978; Clance, 1985; Ford, 1996, S. 155.
[8] Vrij, 2008, S. 286.

[9] Vrij, 2008, S. 103 f.
[10] Ekman, 1997; Ekman & Friesen, 1972, S. 39; Kleinke, 1986; Vrij, 2008, S. 39, S. 41 ff., S. 60.
[11] Kashy & DePaulo, 1996; Gozna et al., 2001; Sagarin et al., 1998; Vrij, 2008, S. 43 f.
[12] Ekman, 2001, S. 287.
[13] Ekman, 2001, S. 76 ff., s. auch Bursten, 1972; Ford, 1996, S. 92.
[14] Vrij, 2008, S. 39.

III. Disharmonien

[1] Vrij, 2008, S. 383, 182.
[2] Ekman, 2001, S. 85; Vrij, 2008, S. 42.
[3] DePaulo & Kirkendol, 1989; DePaulo et al., 1983; Fiedler & Walka, 1993, S. 213; Ford, 1996, S. 210; Vrij, 2008, S. 42.
[4] DePaulo et al., 2003; Vrij, 2008, S. 57.
[5] Warum Frauen eigentlich besser entlarven könnten: Hall, 1979, 1984; Rosenthal & DePaulo, 1979; Hurd & Noller, 1988. Weshalb Frauen dennoch nicht besser entlarven: Vrij, 2008, S. 169 f.; DePaulo, Wetzel et al., 2003; DePaulo et al., 1993; Hurd & Noller, 1988; Manstead et al., 1986; Porter et al., 2007; Rosenthal & DePaulo, 1979; Ford, 1996, S. 208.
[6] Vrij, 2008, S. 170; McCornack & Parks, 1990.
[7] Ekman, 1988; Ekman et al., 1990; Ekman & Friesen, 1982; Ekman & O'Sullivan, 2006; Frank et al., 1993; Vrij, 2008, S. 63; Ford, 1996, S. 203.

IV. Stressanzeichen

[1] Anforderungen an den Lügner: Was er erzählen darf: Spence et al., 2001; Vrij, 2008, S. 40. Sich die eigene Geschichte vergegenwärtigen: Ekman, 2001, S. 44. Plausibel und widerspruchs-

frei sprechen: Gilbert, 1991; Walczyk et al., 2003; Walczyk et al., 2005; Vrij, 2008, S. 40. Glaubwürdigkeit ist nicht selbstverständlich: DePaulo et al., 2003; Kassin, 2005; Kassin & Gudjonsson, 2004; Kassin & Norwick, 2004; Vrij, 2008, S. 40, 47, 58; Caso et al., 2005; Gozna & Babooram, 2004; Granhag & Strömwall, 2002; Hartwig et al., 2006; Strömwall et al., 2006; Vrij et al., 2001; Vrij & Mann, 2006; Vrij et al., 2006; Vrij et al., 1996; White & Burgoon, 2001; Colwell et al., 2006; Granhag & Strömwall, 2002; Granhag et al., 2007; Hartwig et al., 2007; Strömwall et al., 2007; Strömwall et al., 2006. Wie der Lügner den Belogenen beobachtet: Buller & Burgoon, 1996; Vrij, 2008, S. 48; Vrij, 2008, S. 45; Ekman & Frank, 1993; Vrij & Mann, 2001. Sprachlich versierte Lügner: Kashy & DePaulo, 1996; Vrij et al., 2002, 2004; Vrij, 2008, S. 44.

[2] Abe et al., 2006. Stellvertretend für viele andere: Vrij, 2008, S. 369, mit weiteren Nachweisen.

[3] Vrij, 2008, S. 144, mit weiteren Nachweisen.

[4] Vrij, 2008, S. 59; DePaulo et al., 1996; Vrij, Ennis et al., 2008.

[5] Kashy & DePaulo, 1996; Weiss & Feldmann, 2006; Miller et al., 1983; Riggio & Friedman, 1983; Siegman & Reynolds, 1983; Vrij, 2008, S. 32 f., S. 72 f.

[6] Vrij, 2008, S. 34, S. 73, S. 177 f.

[7] Goldman-Eisler, 1968; Vrij, 2008, S. 40; DePaulo, Lindsey et al., 2003; Ekman, 2001, S. 93.

[8] DePaulo, Lindsay et al., 2003; Sporer & Schwandt, 2006; Vrij, 2008, S. 55.

[9] Fiedler & Walka, 1993; Landström et al., 2005, 2008; Vrij, 2008, S. 86 f.

[10] Holland & Tarlow, 1972; Leal, 2005; Stern et al., 1984.

[11] Vrij, 2008, S. 413.

[12] Moston, 1987; Poole & White, 1991; Quas et al., 2007.

[13] Stiff & Miller, 1986; Ford, 1996, S. 211; Ekman, 2001, S. 182; Vrij, 2008, S. 398.

[14] Vrij, Mann, Fisher, Leal, Milne, Bull, 2008; die Praxis: Nance, 2001, S. 163; Dillingham, 2008, S. 29.

V. Verhaltenskontrolle

[1] Landström et al., 2005, 2008; Vrij et al., 2001; Vrij, 2008, S. 86 f.; Buller & Burgoon, 1996; Burgoon & Buller, 1994; Burgoon et al., 1996; Burgoon et al., 1999; Krauss, 1981; Vrij, 2008, S. 41.
[2] Ekman, 2001, S. 107; so auch die Metaanalyse von DePaulo, Lindsay et al., 2003; Vrij, 2008, S. 39, 41.
[3] Über die falsche Theorie der Laien: Kraut & Poe, 1980; Körpersprache: Vrij, 2008, S. 42; Burgoon & Buller, 1994; DePaulo & Kirkendol, 1989. Hand- und Fingerbewegungen: DePaulo, Lindsay et al., 2003; Vrij, 2008, S. 56; Ekman, 1997; Ekman & Friesen, 1972. Kopfbewegungen: Fiedler & Walka, 1993; Ford, 1996, S. 213. Gesichtsausdruck und Anspannung: DePaulo, Lindsay et al., 2003; Vrij, 2008, S. 57. Handgesten: Ekman, 2001, S. 106 ff.
[4] Trankell, 1963; Undeutsch, 1967; Arntzen, 1970; Köhnken, 2004; Köhnken et al., 1995; Steller & Köhnken, 1989; Vrij, 2008, S. 201 ff., S. 256.
[5] Zentrale Quelle: Steller & Köhnkens Auflistung der *Criteria-Based Content Analysis*, gut zusammengefasst bei Vrij, 2008, S. 210 ff., 267, 285 f.
[6] Craig, 1995; Vrij, 2008, S. 201.
[7] Steller & Boychuk, 1992; Ruby & Brigham, 1997; Köhnken, 2002, 2004; Vrij, 2008, S. 201.
[8] Winkel et al., 1991; Vrij, 2008, S. 209.
[9] Vrij, 2008, S. 240.

Das Puzzle zusammensetzen

[1] DePaulo & Kirkendol, 1989; DePaulo et al., 1983; Ford, 1996, S. 210; Baumeister, 1984; Baumeister & Showers, 1986.
[2] Jackson & Granhag, 1997.
[3] Sitton & Griffin, 1981; Vrij & Winkel, 1991, s. auch Vrij, 2008, S. 67.

[4] DePaulo & Pfeifer, 1986.
[5] Vrij, 2008, S. 108; Bond & Lee 2005; Colwell et al., 2002; Newman et al., 2003; Zhou et al., 2004; Ekman, 2001, S. 290, 331, 350.

Literatur

Besondere Empfehlungen

Bünger, T.; Willemsen, R.: *Ich gebe Ihnen mein Ehrenwort! Die Weltgeschichte der Lüge*; Frankfurt a. M.: S. Fischer, 2007.
→ Die Kulturgeschichte der Lüge, gut zusammengetragen und locker zu lesen, mit zahlreichen Anekdoten.

Ekman, P.: *Telling lies: Clues to deceit in the marketplace, politics, and marriage*; New York: W. W. Norton, 2001.
→ Paul Ekman ist der wohl berühmteste Lügen-Forscher. Sein hervorragendes Buch ist relativ praktisch ausgerichtet, aber es gewichtet die Forschung Ekmans sehr stark und ist daher nicht objektiv.

Lykken, D. T.: *A tremor in the blood: Uses and abuses of the lie detector*; New York: Plenum Books, 1998.
→ Wer sich für den Lügendetektor interessiert, hat hier sein Buch gefunden: die Geschichte, die sinnvolle Anwendung und vor allem die Unzulänglichkeiten des Geräts erklärt der 2006 verstorbene David Lykken kenntnisreich und kritisch wie niemand sonst.

Streatfeild, D.: *Gehirnwäsche. Die geheime Geschichte der Gedankenkontrolle*; Frankfurt a. M.: Zweitausendeins, 2008.
→ Die Geschichte der Gehirnwäsche, der Wahrheitsdrogen, der Hypnose und all der anderen teils kuriosen Techniken, die Geheimagenten besonders im Kalten Krieg verwendeten, um an die Wahrheit zu kommen – oder diese zu verzerren. Ein hervorragend recherchierter Bericht eines Journalisten, äußerst packend und unterhaltsam.

Vrij, A.: *Detecting lies and deceit: Pitfalls and opportunities*; Chichester/England: John C. Wiley & Sons, 2008.

→ Sehr fundiert und akademisch – der mit großem Abstand beste Überblick zum Stand der Forschung, allerdings sehr umfangreich und weniger für den Praktiker geeignet. Der Autor, Professor Aldert Vrij, ist einer der produktivsten und kreativsten Psychologen zu diesem Thema.

Weitere verwendete Literatur

Abagnale, F. W. jr.; Redding, S.: *Catch me if you can: The amazing true story of the youngest and most daring con man in the history of fun and profit*; New York: Grosset & Dunlap, 1980.

Abe, N.; Suzuki, M.; Tsukiura, T.; Mori, E.; Yamaguchi, K.; Itoh, M.; Fujii, T.: »Dissociable roles of prefrontal and anterior cingulated cortices in deception«; in: *Cerebral Cortex*; 2006, 16; S. 192–199.

Arntzen, F.: *Psychologie der Zeugenaussage*; Göttingen: Hogrefe, 1970.

Aune, R. K.; Levine, T. R.; Ching, P. U.; Yoshimoto, J. M.: »The influence of perceived source reward value on attributions of deception«; in: *Communication Research Reports*; 1993, 10; S. 15–27.

Bashore, T. R.; Rapp, P. E.: »Are there alternatives to traditional polygraph procedures?«; in: *Psychological Bulletin*; 1993, 113; S. 3–22.

Baumeister, R. F.: »Choking under pressure: Self-consciousness and paradoxical effects of incentives on skillful performance«; in: *Journal of Personality and Social Psychology*; 1984, 46; S. 610–620.

Baumeister, R. F.; Showers, C. J.: »A review of paradoxical performance effects: Choking under pressure in sports and mental tests«; in: *Journal of Personality and Social Psychology*; 1986, 16; S. 361–383.

Benz, J. J.; Anderson, M. K.; Miller, R. L.: »Attributions of deception in dating situations«; in: *The Psychological Record*; 2005; S. 305–314.

Biddle, W.: »The truth about lie detectors: The deception of detection«; in: *Discover*; März 1986; S. 24–33.

Bond, C. F.; Fahey, W. E.: »False suspicion and the misperception of deceit«; in: *British Journal of Social Psychology*; 1987, 26; S. 41–46.

Bond, C. F.; Kahler, K. N.; Paolicelli, L. M.: »The miscommunication of deception: An adaptive perspective«; in: *Journal of Experimental Social Psychology*; 1985; S. 331–345.

Bond, C. F.; Lee, A. Y.: »Language of lies in prison: Linguistic classification of prisoners' truthful and deceptive natural language«; in: *Applied Cognitive Psychology*; 2005, 13; S. 313–329.

Bond, C. F.; Omar, A.; Mahmoud, A.; Bonser, R. N.: »Lie detection across cultures«; in: *Journal of Nonverbal Behavior*; 1990, 14; S. 189–205.

Brandt, D. R.; Miller, G. R.; Hocking, J. E.: »Effects of self-monitoring and familiarity on deception detection«; in: *Communication Quarterly*; 1980 (b), 28; S. 3–10.

Brandt, D. R.; Miller, G. R.; Hocking, J. E.: »Familiarity and lie detection: A replication and extension«; in: *The Western Journal of Speech Communication*; 1982, 46; S. 276–290.

Brandt, D. R.; Miller, G. R.; Hocking, J. E.: »The truth-deception attribution: Effects of familiarity on the ability of observers to detect deception«; in: *Human Communication Research*; 1980 (a), 6; S. 99–110.

Bull, R.; Rumsey, N.: *The social psychology of facial appearance*; New York: Springer, 1988.

Buller, D. B.; Burgoon, J. K.: »Interpersonal deception theory«; in: *Communication Theory*; 1996, 6; S. 203–242.

Burgoon, J. K.; Buller, D. B.: »Interpersonal deception: III. Effects of deceit on perceived communication and nonverbal dynamic«; in: *Journal of Nonverbal Behavior*; 1994, 18; S. 155–184.

Burgoon, J. K.; Buller, D. B.; Floyd, K.; Grandpre, J.: »Deceptive realities: Sender, receiver, and observer perspectives in deception conversations«; in: *Communication Research*; 1996, 23; S. 724–748.

Burgoon, J. K.; Buller, D. B.; White, C. H.; Afifi, W.; Buslig, A. L. S.: »The role of conversation involvement in deceptive interpersonal interactions«; in: *Personality and Social Psychology Bulletin*; 1999, 25; S. 669–685.

Bursten, B.: »The manipulative personality«; in: *Archives of General Psychiatry*; 1972, 26; S. 318–321.

Buss, D.; Barnes, M.: »Preferences in human mate selection«; in: *Journal of Personality and Social Psychology*; 1986, 50 (3); S. 559–570.

Bussey, K.: »Children's lying and truthfulness: Implications for children's testimony«; in: *Cognitive and social factors in early deception*; herausgegeben von S. J. Ceci, M. DeSimone Leichtman und M. Putnick; Hillsdale/NJ: Erlbaum, 1992; S. 89–110.

Byrne, R. W.; Whiten, A.: *Machiavellian intelligence: Social expertise and the evolution of intellect in monkeys, apes, and humans*; New York: Oxford University Press, 1988.

Caso, L.; Gnisci, A.; Vrij, A.; Mann, S.: »Process underlying deception: An empirical analysis of truths and lies when manipulating the stakes«; in: *Journal of Interviewing and Offender Profiling*; 2005, 2; S. 195–202.

Ceci, S. J.; Bruck, M.: *Jeopardy in the courtroom: A scientific analysis of children's testimony*; Washington, D.C.: American Psychological Association, 1995.

Ceci, S. J.; DeSimone Leichtman, M.; Putnick, M. (Hrsg.): *Cognitive and social factors in early deception*; Hillsdale/NJ: Erlbaum, 1992.

Chandler, M.; Fritz, A. S.; Hala, S.: »Small-scale deceit: Deception as a marker of two-, three-, and four-year-olds' early theories of mind«; in: *Child Development*; 1989, 60; S. 1263–1277.

Cheney, D. L.; Seyfarth, R. M.: *How monkeys see the world*; University of Chicago Press: London, 1990.

Cherry, E. C.: »Some experiments on the recognition of speech, with one and with two ears«; in: *Journal of The Acoustical Society of America*; 1953, 25; S. 975–979.

Clance, P. R.: *The impostor phenomenon: Overcoming the fear that haunts your success*; Atlanta/GA: Peachtree Publishers, 1985.

Clance, P. R.; Imes, S. A.: »The impostor phenomenon in high achieving women: Dynamics and therapeutic intervention«; in: *Psychotherapy: Theory, Research, and Practice*; 1978, 15; S. 241–247.

Cochran, S.; Mays, V. M.: »Sex, lies and HIV«; in: *New England Journal of Medicine*; 1990, 322 (11); S. 774–775.

Colwell, K.; Hiscock, C. K.; Memon, A.: »Interview techniques and the assessment of statement credibility«; in: *Applied Cognitive Psychology*; 2002, 16; S. 287–300.

Colwell, K.; Hiscock-Anisman, C.; Memon, A.; Woods, D.; Michlik, P. M.: »Strategies of impression management among deceivers and truth tellers: How liars attempt to convince«; in: *American Journal of Forensic Psychology*; 2006, 24; S. 31–38.

Conrad, S. W.: »Imposture as a defence«; in: *Tactics and techniques in psychoanalytic therapy*; Bd. 2: *Countertransference*; herausgegeben von P. L. Giovacchini; New York: Jason Aronson, 1975; S. 413–426.

Craig, R.: *Effects of interviewer behavior on children's statements of sexual abuse*; unveröffentlichtes Manuskript; 1995.

Culbert, S. A.; McDonough, J. J.: »Trusting relationships, empowerment, and the conditions that produce truth telling«; in: *Advances in Organization Development*; herausgegeben von M.F. Norwood; Bd. 2; New Jersey: Ablex Publishers, 1992.

Davis, M.; Hadicks, D.: »Demeanor and credibility«; in: *Semiotica*; 1995, 106; S. 5–54.

Davis, M.; Markus, K. A.; Walters, S. B.; Vorus, N.; Connors, B.: »Behavioral cues to deception vs topic incriminating potential in criminal confessions«; in: *Law and Human Behavior*; 2005, 29; S. 683–704.

Dent, H.; Flin, R. (Hrsg.): *Children as Witnesses*; Chichester/England: John Wiley & Sons, 1992.

DePaulo, B. M.; Bell, K. L.: »Truth and investment: Lies are told to those who care«; in: *Journal of Personality and Social Psychology*; 1996, 71; S. 703–716.

DePaulo, B. M.; Epstein, J. A.; Wyer, M. M.: »Sex differences in lying: How women and men deal with the dilemma of deceit«; in: *Lying and deception in everyday life*; herausgegeben von M. Lewis und C. Saarni; New York: Guilford Press, 1993; S. 126–147.

DePaulo, B. M.; Jordan, A.: »Age changes in deceiving and detecting deceit«; in: *Development of nonverbal behavior in children*; herausgegeben von R.S. Feldman; New York: Springer, 1982; S. 151–180.

DePaulo, B. M.; Kashy, D. A.; Kirkendol, S. E.; Wyer, M. M.; Epstein, J. A.: »Lying in everyday life«; in: *Journal of Personality and Social Psychology*; 1996, 70 (5); S. 979–995.

DePaulo, B. M.; Kirkendol, S. E.: »The motivational impairment effect in the communication of deception«; in: *Credibility assessment*; herausgegeben von J. Yuille; Dordrecht/Niederlande: Kluwer, 1989; S. 51–70.

DePaulo, B. M.; Lanier, K.,; Davis, T.: »Detecting the deceit of the motivated liar«; in: *Journal of Personality and Social Psychology*; 1983, 45; S. 1096–1103.

DePaulo, B. M.; Lindsay, J. J.; Malone, B. E.; Muhlenbruck, L.; Charlton, K.; Cooper, H.: »Cues to deception«; in: *Psychological Bulletin*; 2003, 129; S. 74–118.

DePaulo, B. M.; Pfeifer, R. L.: »On-the-job experience and skill at detecting deception«; in: *Journal of Applied Social Psychology*; 1986, 16; S. 249–267.

DePaulo, B. M.; Wetzel, C.; Sternglanz, C.; Wilson, M.W.: »Verbal and nonverbal dynamics of privacy, secrecy, and deceit«; in: *Journal of Social Issues*; 2003, 59; S. 391–410.

DePaulo, P. J.; DePaulo, B. M.: »Can deception by salespeople and customers be detected through nonverbal behavioral cues?« in: *Journal of Applied Social Psychology*; 1989, 19; S. 1552–1577.

Dillingham, C.: *Dissecting Pinocchio: How to detect deception in business, life, and love*; Bloomington/Indiana: iUniverse, 2008.

Duchenne de Boulogne, G.-B.: *Mécanisme de la physionomie humaine ou analyse électro-physiologique de l'expression des passions*; Paris: Librairie J.-B. Bailliere et Fils, 1876.

Duchenne de Boulogne, G.-B.: *Mécanisme de la physionomie humaine*; Paris: J.-B. Bailliere et Fils, 1876.

Ekman, P.; Frank, M. G.: »Lies that fail«; in: *Lying and deception in everyday life*; herausgegeben von M. Lewis und C. Saarni; New York: Guilford Press, 1993; S. 184–200.

Ekman, P.; Friesen W. V.: »Hand movements«; in: *Journal of Communication*; 1972, 22; S. 353–374.

Ekman, P.; Davidson, R. J.; Friesen, W. V.: »Emotional expression and brain physiology II: The Duchenne smile«; in: *Journal of Personality and Social Psychology*; 1990, 58; S. 342–353.

Ekman, P.; Friesen, W. V.; O'Sullivan, M.: »Smiles when lying«; in: *Journal of Personality and Social Psychology*; 1988, 54; S. 414–420.

Ekman, P.: »Asymmetry in facial expression«; in: *Science*; 1980, 209; S. 833–836.

Ekman, P.; Friesen, W. V.: »Felt, false, and miserable smiles«; in: *Journal of Nonverbal Behavior*; 1982, 6; S. 238–252.

Ekman, P.; O'Sullivan, M.: »From flawed self-assessment to blatant whoppers: The utility of voluntary and involuntary behavior in detecting deception«; in: *Behavioral Sciences and the Law*; 2006, 24; S. 673–686.

Elaad, E.: »Detection of deception: A transactional analysis perspective«; in: *Journal of Psychology*; 1993, 127; S. 5–15.

Eyre, S. L.; Read, N. W.; Millstein, S. G.: »Adolescent sexual strategies«; in: *Journal of Adolescent Health*; 1997, 20; S. 286–293.

Feeley, T. H.; deTurck, M. A.; Young, M. J.: »Baseline familiarity in lie detection«; in: *Communication Research Reports*; 1995, 12; S. 160–169.

Feldman, R. S. (Hrsg.): *Development of nonverbal behavior in children*; New York: Springer, 1982.

Feldman, R. S.; Forrest, J. A.; Happ, B. R.: »Self-presentation and verbal deception: Do self-presenters lie more?«; in: *Basic and Applied Social Psychology*; 2002, 24; S. 163–170.

Fiedler, K.; Walka, I.: »Training lie detectors to use nonverbal cues instead of global heuristics«; in: *Human Communication Research*; 1993, 20; S. 199–223.

Ford, C. V.: *Lies! Lies!! Lies!!! The Psychology of Deceit*; Arlington: American Psychiatric Publishing, 1996.

Ford, C. V.; King, B. H.; Hollender, M. H.: »Lies and liars: psychiatric aspects of prevarication«; in: *American Journal of Psychiatry*; 1988, 145; S. 554–562.

Frank, M. G.; Ekman, P.; Friesen, W. V.: »Behavioral markers and recognizability of the smile of enjoyment«; in: *Journal of Personality and Social Psychology*; 1993, 64 (1); S. 83–93.

Gamer, M.; Rill, H.-G.; Vossel, G.; Gödert, H. W.: »Psychophysiological and vocal measures in the detection of guilty knowledge«; in: *International Journal of Psychophysiology*; 2006, 60; S. 76–87.

Gehlen, A.: *Der Mensch: Seine Natur und seine Stellung in der Welt*; Berlin: Junker & Dünnhaupt, 1940.

Gilbert, D. T.: »How mental systems believe«; in: *American Psychologist*; 1991, 46; S. 107–119.

Giovacchini, P. L.: *Tactics and techniques in psychoanalytic therapy*; New York: Jason Aronson, 1975.

Goldman-Eisler, F.: *Psycholinguistics*; New York: Academic Press, 1968.

Gottschalk, L. A.; Auerbach, A. H. (Hrsg.): *Methods of research in psychotherapy*; New York: Appleton Century Crofts, 1966.

Gozna, L. F.; Babooram, N.: »Non-traditional interviews: Deception in a simulated customs baggage search«; Vortrag anlässlich der 14. European Conference of Psychology and Law in Krakau/Polen vom 7.–10. Juli 2004.

Gozna, L. F.; Vrij, A.; Bull, R.: »The impact of individual differences on lying in everyday life and in a high stake situation«; in: *Personality and Individual Differences*; 2001, 31; S. 1203–1216.

Granhag, P. A.; Strömwall, L. A.; Hartwig, M.: »The SUE-technique: The way to interview to detect deception«; in: *Forensic Update*; 2007, 88; S. 25–29.

Granhag, P. A.; Hartwig, M.: »A new theoretical perspective on deception detection: On the psychology of instrumental mind reading«; in: *Psychology, Crime & Law*; 2008, 14; S. 189–200.

Granhag, P. A.; Strömwall, L. A.: »Repeated interrogations: Verbal and non-verbal cues to deception«; in: *Applied Cognitive Psychology*; 2002, 16; S. 243–257.

Granhag, P. A.; Strömwall, L. A.: *Deception detection in forensic contexts*; Cambridge/England: Cambridge University Press, 2004.

Groth, A. J.: »On the intelligence aspects of personal diplomacy«; in: *Orbis*; 1964, 7; S. 833–848.

Haggard, E. A.; Isaacs, K. S.: »Micromomentary facial expressions«; in: *Methods of research in psychotherapy*; herausgegeben von L. A. Gottschalk und A. H. Auerbach; New York: Appleton Century Crofts, 1966.

Hall, J. A.: »Gender effects in decoding nonverbal cues«; in: *Psychological Bulletin*; 1979, 85; S. 845–857.

Hall, J. A.: *Nonverbal sex differences: Communication accuracy and expressive style*; Baltimore/MD: John Hopkins University Press, 1984.

Harriet, G. L.: *The dance of deception*; New York: HarperCollins, 1993.

Harrison, A. A.; Hwalik, M.; Raney, D. F.; Fritz, J. G.: »Cues to deception in an interview situation«; in: *Social Psychology*; 1978, 41; S. 156–161.

Hartley, G.; Karinch, M.: *How to spot a liar: Why people don't tell the truth ... And how you can catch them*; Victoria/Kanada: Castle Books, 2007.

Hartwig, M.; Granhag, P. A.; Strömwall, L. A.; Kronkvist, O.: »Strategic use of evidence during police interviews: When training to detect deception works«; in: *Law and Human Behavior*; 2006, 30; S. 603–619.

Hartwig, M.; Granhag, P. A.; Strömwall, L. A.: »Guilty and innocent suspects' strategies during police interrogations«; in: *Psychology, Crime & Law*; 2007, 13; S. 213–227.

Hartwig, M.; Granhag, P. A.; Vrij, A.: »Police interrogation from a social psychology perspective«; in: *Policing and Society*; 2005, 15; S. 401–421.

Haselton, M.; Buss, D.; Oubaid, V.; Angleitner, A.: »Sex, lies, and strategic interference«; in: *Psychology Bulletin*; 2005, 31 (1); S. 3–23.

Hayano, D. M.: »Communicative competency among poker players«; in: *Journal of Communication*; 1980, 30; S. 99–104.

Hayano, D. M.: »Dealing with chance: Self-deception and fantasy among gamblers«; in: *Self-Deception: An adaptive mechanism?*; herausgegeben von J. S. Lockard und D. L. Paulus; Englewood Cliffs/NJ: Prentice Hall, 1988; S. 186–199.

Higgins, E. T.; Herman, C. P.; Zanna, M.: *Social cognition: The Ontario Symposium*; Hillsdale/NJ: Erlbaum, 1981.

Hocking, J. E.; Leathers, D. G.: »Nonverbal indicators of deception: A new theoretical perspective«; in: *Communication Monographs*; 1980, 47; S. 119–131.

Holland, M. K.; Tarlow, G.: »Blinking and mental load«; in: *Psychological Reports*; 1972, 31; S. 119–127.

Honts, C. R.; Raskin, D. C.; Kirchner, J. C.: »Mental and physical countermeasures reduce the accuracy of polygraph tests«; in: *Journal of Applied Psychology*; 1994, 79; S. 252–259.

Hurd, K.; Noller, P.: »Decoding deception: A look at the process«; in: *Journal of Nonverbal Behavior*; 1988, 12; S. 217–233.

Jackson, J. L.; Granhag, P. A.: »The truth or fantasy: The ability of barristers and laypersons to detect deception in children's testimony«; in: *New trends in criminal investigation and evidence*; herausgegeben von J. F. Nijboer und J. M. Reintjes; Lelystad/Niederlande: Koninklijke Vermande B. V., 1997; S. 213–220.

Johnson, M. K.; Raye, C. L.: »Reality monitoring«; in: *Psychological Review*; 1981, 88; S. 67–85.

Jones, E. E.; Sigall, H.: »The bogus-pipeline: A new paradigm for measuring affect and attitude«; in: *Psychological Bulletin*; 1971, 76; S. 349–364.

Kashy, D. A.; DePaulo, B. M.: »Who lies?«; in: *Journal of Personality and Social Psychology*; 1996, 70; S. 1037–1051.

Kassin S. M.; Norwick R. J.: »Why people waive their Miranda rights: The power of innocence«; in: *Law and Human Behavior*; 2004, 28 (2); S. 211–221.

Kassin, S. M.: »On the psychology of confessions: Does innocence put innocents at risk?«; in: *American Psychologist*; 2005, 52; S. 221–233.

Kassin, S. M.; Gudjonsson, G. H.: »The psychology of confession evidence: A review of the literature and issues«; in: *Psychological Science in the Public Interest*; 2004, 5; S. 33–67.

Keenan, J. P.; Gallup, G.; Goulet, N.; Kulkarni, M.: »Attributions of deception in human mating strategies«; in: *Journal of Social Behavior and Personality*; 1997, 12; S. 45–52.

Kennedy, J.; Bakst, T.: »The influence of emotions on the outcome of cardiac surgery: A predictive study«; in: *Bulletin of the New York Academy of Medicine*; 1966, 42 (10); S. 811–845.

King, B.: *The lying ape: An honest guide to a world of deception*; Cambridge: Icon Books, 2006.

Kleiner, M.: *Handbook of polygraph testing*; San Diego/CA: Academic Press, 2002.

Kleinke, C. L.: »Gaze and eye contact: A research review«; in: *Psychological Bulletin*; 1986, 100; S. 78–100.

Kleinmuntz, B.; Szucko, J. J.: »Lie detection in ancient and modern times: A call for contemporary scientific study«; in: *American Psychologist*; 1984, 39; S. 766–776.

Köhnken, G.; Schimossek, E.; Aschermann, E.; Hofer, E.: »The cognitive interview and the assessment of the credibility of adults' statements«; in: *Journal of Applied Psychology*; 1995, 80; S. 671–684.

Köhnken, G.: »A German perspective on children's testimony«; in: *Children's Testimony: A Handbook of Psychological Research and Forensic Practice*; herausgegeben von H. L. Westcott, G. M. Davies und R. H. C. Bull; Chichester/England: John Wiley & Sons, 2002; S. 233–244.

Köhnken, G.: »Statement validity analysis and the ›detection of the truth‹«; in: *Deception detection in forensic contexts*; herausgegeben von P. A. Granhag und L. A. Strömwall; Cambridge/England: Cambridge University Press, 2004; S. 41–63.

Krapohl, D. J.: »The polygraph in personnel screening«; in: *Handbook of polygraph testing*; herausgegeben von M. Kleiner; San Diego/CA: Academic Press, 2002; S. 217–236.

Krauss, R. M.: »Impression formation, impression management, and nonverbal behaviors«; in: *Social Cognition: The Ontario Symposium*; herausgegeben von E. T. Higgins, C. P. Herman und M. Zanna; Bd. I; Hillsdale/NJ: Erlbaum, 1981; S. 323–341.

Kraut, R.; Poe, D.: »Behavioral roots of person perception: The deception judgments of custom inspectors and laymen«; in: *Journal of Personality and Social Psychology*; 1980, 39; S. 784–798.

LaFreniere, P.: »The ontogeny of tactical deception in humans«; in: *Machiavellian intelligence: Social expertise and the evolution of intellect in monkeys, apes, and humans*; herausgegeben von R. W. Byrne und A. Whiten; New York: Oxford University Press, 1988; S. 238–252.

Landström, S.; Granhag, P. A.; Hartwig, M.: »Children appearing live vs. on video: Effects on adults' perception, assessment and memory«; in: *Legal and Criminological Psychology*; 2007, 12; S. 333–347.

Landström, S.; Granhag, P. A.; Hartwig, M.: »Witnesses appearing live vs. on video: How presentation format affects observers' perception, assessment and memory«; in: *Applied Cognitive Psychology*; 2005, 19; S. 913–933.

Larson, J.: *Lying and its detection: A study of deception and deception tests*; Chicago: University of Chicago Press, 1932.

Leal, S.: *Central and peripheral physiology of attention and cognitive demand: Understanding how brain and body work together*; Inauguraldissertation an der University of Portsmouth, 2005.

Leo, R. A.: »Inside the interrogation room«; in: *Journal of Criminal Law and Criminology*; 1996, 86; S. 266–303.

Lerner, M. J.: *The belief in a just world: A fundamental delusion*; New York: Plenum Press, 1980.

Levine, T. R.; Asada, K. J. K.; Park, H. S.: »The lying chicken and the fidgeting egg: Eye contact, deception, and causal order«; in: *Southern Communication Journal*; 2006, 71 (4); S. 401–411.

Lewis, M.: »The development of deception«; in: *Lying and deception in everyday life*; herausgegeben von M. Lewis und C. Saarni; New York: Guilford Press, 1993; S. 90–105.

Lewis, M.; Saarni, C.: *Lying and deception in everyday life*; New York: Guilford Press, 1993.

Lieberman, D.: *Never be lied to again: How to get the truth in 5 minutes or less in any conversation or situation*; New York: St. Martin's Griffin, 1999.

Lindsay, D. S.: »Children's source monitoring«; in: *Children's testimony. A handbook of psychological research and forensic practice*; herausgegeben von H. L. Westcott, G. M. Davies, R. H. C. Bull; Chichester/England: John Wiley & Sons, 2002; S. 83–98.

Lockard, J. S.; Paulus, D. L.: *Self-deception: An adaptive mechanism?*; Englewood Cliffs/NJ: Prentice Hall, 1988.

Loftus, E. F.; Ketcham, K.: *Die therapierte Erinnerung. Vom Mythos der Verdrängung bei Anklagen wegen sexuellen Missbrauchs*; Hamburg: Verlag Ingrid Klein, 1995.

Loftus, E. F.; Loftus, G. R.: »On the permanence of stored information in the human brain«; in: *American Psychologist*; 1980, 35; S. 409–420.

Loftus, E. F.; Palmer, J. C.: »Reconstruction of automobile destruction«; in: *Journal of Verbal Learning and Verbal Behavior*; 1974, 13; S. 585–589.

Lykken, D. T.: »The validity of the guilty knowledge technique: The effects of faking«; in: *Journal of Applied Psychology*; 1960, 44; S. 258–262.

Mann, S.; Vrij, A.; Bull, R.: »Detecting true lies: Police officers' ability to detect suspects' lies«; in: *Journal of Applied Psychology*; 2004, 89; S. 137–149.

Manstead, A. S. R.; Wagner, H. L.; MacDonald, C. J.: »Deceptive and non-deceptive communications: Sending experience, modality, and individual abilities«; in: *Journal of Nonverbal Behavior*; 1986, 10; S. 147–167.

Marston, W. A.: »Systolic blood pressure symptoms of deception«; in: *Journal of Experimental Psychology*; 1917, 2; S. 117–163.

Masip, J.; Garrido, E.; Herrero, C.: »Facial appearance and impressions of credibility: The effects of facial babyishness and age on person perception«; in: *International Journal of Psychology*; 2004, 39 (2); S. 276–289.

Masip, J.; Garrido, E.; Herrero, C.: »Facial appearance and judgments of credibility: The effects of facial babyishness and age on statement credibility«; in: *Genetic, Social, and General Psychology Monographs*; 2003 (a), 129 (3); S. 269–311.

Masip, J.; Garrido, E.; Herrero, C.: »When did you conclude she was lying? The impact of the moment the decision about the sender's veracity is made and the sender's facial appearance on police officers' credibility judgments«; in: *The Journal of Credibility Assessment and Witness Psychology*; 2003 (b), 4 (1); S. 1–36.

Matarazzo, J. D.; Wiens, A. N.; Jackson, R. H.; Manaugh, T. S.: »Interviewee speech behavior under conditions of endogenously-present and exogenously-induced motivational states«; in: *Journal of Clinical Psychology*; 1970, 26; S. 17–24.

McCornack, S. A.; Parks, M. R.: »What women know that men don't: Sex differences in determining truth behind deceptive messages«; in: *Journal of Social and Personal Relationships*; 1990, 7; S. 107–118.

McLoughlin, M.; Sheier, J. L.; Witkin, G.: »A nation of liars?«; in: *U.S. News and World Report* vom 23. Februar 1987; S. 54–59.

Miller, G.; deTurck, M.; Kalbfleisch, P.: »Self-monitoring, rehearsal, and deceptive communication«; in: *Human Communication Research*; 1983, 10; S. 97–117.

Moston, S.: »The suggestibility of children in interview studies«; in: *Child Language*; 1987, 7; S. 67–78.

Nakayama, M.: »Practical use of the concealed information test for criminal investigation in Japan«; in: *Handbook of polygraph testing*; herausgegeben von M. Kleiner; San Diego: Academic Press, 2002; S. 49–86.

Nance, J.: *Conquering deception*; Kansas City: Irvin Benham Group, 2001.

National Research Council: *The polygraph and lie detection*; Committee to review the scientific evidence on the polygraph; Washington, D.C.: The National Academic Press, 2003.

Newman, M. L.; Pennebaker, J. W.; Berry, D. S.; Richards, J. N.: »Lying words: Predicting deception from linguistic styles«; in: *Personality and Social Psychology Bulletin*; 2003, 29; S. 665–675.

Nijboer, J. F.; Reintjes, J. M. (Hrsg.): *New trends in criminal investigation and evidence*; Lelystad/Niederlande: Koninklijke Vermande B.V., 1997.

Norwood, M. F. (Hrsg.): *Advances in organization development*; New Jersey: Ablex, 1992.

Novack, D. H.; Detering, B. J.; Arnold, R.; Forrow, L.; Ladinsky, M.; Pezzullo, J. C.: »Physicians' attitudes toward using deception to resolve difficult ethical problems«; in: *Journal of the American Medical Association*; 1989, 261 (20); S. 2980–2985.

Ofshe, R.; Watters, E.: *Die missbrauchte Erinnerung. Von einer Therapie, die Väter zu Tätern macht*; München: Deutscher Taschenbuch Verlag, 1996.

Ofshe, R. J.; Leo, R. A.: »The decision to confess falsely: Rational choice and irrational action«; in: *Denver University Law Review*; 1997, 74; S. 979–1112.

Ost, J.; Vrij, A.; Costall, A.; Bull, R.: »Crashing memories and reality monitoring: Distinguishing between perceptions, imaginings and false memories«; in: *Applied Cognitive Psychology*; 2002, 16; S. 125–134.

O'Sullivan, M.; Ekman. P.; Friesen, W. V.: »The effect of comparisons on detecting deceit«; in: *Journal of Nonverbal Behavior*; 1988, 12; S. 203–215.

Park, H. S.; Levine, T. R.: »A probability model of accuracy in deception detection experiments«; in: *Communication Monographs*; 2001, 68; S. 201–210.

Park, H. S.; Levine, T. R.; McCornack, S. A.; Morrison, K.; Ferrara, M.: »How people really detect lies«; in: *Communication Monographs*; 2002, 69 (2); S. 144–157.

Pavlidis, I.; Eberhardt, N. L.; Levine, J. A.: »Erratum: Human behavior: Seeing through the face of deception«; in: *Nature*; 415 (6872); S. 602.

Pavlidis, I.; Eberhardt, N. L.; Levine, J. A.: »Human behavior: Seeing through the face of deception«; in: *Nature*; 415 (6872); S. 35.

Pavlov, I. P.: *Condition reflex*; Oxford: Clarendon Press, 1927.

Podlesny, J. A.; Raskin, D. C.: »Physiological measures and the detection of deception«; in: *Psychological Bulletin*; 1977, 84; S. 782–799.

Poole, D. A.; White, L. T.: »Effects of question repetition and retention interval on the eyewitness testimony of children and adults«; in: *Developmental Psychology*; 1991, 27; S. 975–986.

Porombka, Stephan: *Felix Krulls Erben. Die Geschichte der Hochstapelei im 20. Jahrhundert*; Göttingen: Blumenkamp, 2008.

Porter, S.; Woodworth, M.; McCabe, S.; Peace, K. A.: »Genius is 1 % inspiration and 99 % perspiration ... or is it? An investigation of the impact of motivation and feedback on deception detection«; in: *Legal and Criminological Psychology*; 2007, 12; S. 297–310.

Porter, S.; ten Brinke, L.: »Reading between the lies: Identifying concealed and falsified emotions in universal facial expressions«; in: *Psychological Science*; 2008, 19 (5); S. 508–514.

Quas, J. A.; Davids, E. L.; Goodman, G. S.; Myers, J. E. B.: »Repeated questions, deception, and children's true and false reports of body touch«; in: *Child Maltreatment*; 2007, 12; S. 60–67.

Raskin, D. C. (Hrsg.): *Psychological methods for investigation and evidence*; New York: Springer, 1989.

Raskin, D. C.: »The scientific basis of polygraph techniques and their uses in the judicial process«; in: *Reconstructing the past: The role of psychologists in criminal trials*; herausgegeben von A. Trankell; Stockholm: Norstedt & Soners, 1982; S. 319–371.

Raskin, D. C.; Honts, C. R.: »The comparison question test«; in: *Handbook of polygraph testing*; herausgegeben von M. Kleiner; San Diego: Academic Press, 2002; S. 1–47.

Reddy, V.: »Getting back to the rough ground: Deception and social living«; in: *Philosophical Transactions of the Royal Society of London*; 2007.

Reid, J. E.; Buckle, J. P.; Jayne, B. C.; Inbau, F. E.: *Essentials of the Reid Technique: Criminal interrogations and confessions*; Sudbury/MA: Jones & Bartlett, 2004.

Reis, H. T.; Senchak, M.; Solomon, B.: »Sex-differences in the intimacy of social interaction – further examination of potential explanations«; in: *Journal of Personality and Social Psychology*; 1985, 48 (5); S. 1204–1217.

Riggio, R.; Friedman, H. S.: »Individual differences and cues to deception«; in: *Journal of Personality and Social Psychology*; 1983, 45; S. 899–915.

Robinson, W. P.; Shepherd, A.; Heywood, J.: »Truth, equivocation/concealment, and lies in job applications and doctor-patient communication«; in: *Journal of Language and Social Psychology*; 1998, 17; S. 149–164.

Rosenthal, R.; DePaulo, B. M.: »Sex differences in eavesdropping on nonverbal cues«; in: *Journal of Personality and Social Psychology*; 1979, 37; S. 273–285.

Rotenberg, K. J.; Simourd, L.; Moore, D.: »Children's use of the verbal-nonverbal consistency principle to infer truth and lying«; in: *Child Development*; 1989, 60; S. 309–322.

Rowatt, W.; Cunningham, M.; Druen, P.: »Deception to get a date«; in: *Personality and Social Psychology Bulletin*; 1998, 24; S. 1228–1244.

Ruby, C. L.; Brigham, J. C.: »The usefulness of the criteria-based content analysis technique in distinguishing between truthful and fabricated allegations«; in: *Psychology, Public Policy & Law*; 1997, 3; S. 705–737.

Saarni, C.: »Children's understanding of display rules for expressive behaviour«; in: *Developmental Psychology*; 1979, 15; S. 424–429.

Sagarin, B. J.; Rhoads, K. v. L.; Cialdini, R. B.: »Deceiver's distrust: Denigration as a consequence of undiscovered deception«; in: *Personality and Social Psychology Bulletin*; 1998, 24; S. 1167–1176.

Self, R. (Hrsg.): *The Neville Chamberlain diary letters; Volume 4: The Downing Street Years, 1934–40*; Aldershot: Ashgate, 2005.

Siegman, A. W.; Reynolds, M. A.: »Self-monitoring and speech in feigned and unfeigned lying«; in: *Journal of Personality and Social Psychology*; 1983, 45; S. 1325–1333.

Sitton, S. C.; Griffin, S. T.: »Detection of deception from clients' eye contact patterns«; in: *Journal of Counseling Psychology*; 1981, 28; S. 269–271.

Smith, N.: »Reading between the lines: An evaluation of the Scientific Content Analysis technique (SCAN)«; in: *Police Research Series Paper 135*; London: UK Home Office, Research, Development, and Statistics Directorate, Januar 2001.

Snyder, M.; Cantor, N.: »Testing hypotheses about other people: The use of historical knowledge«; in: *Journal of Experimental Social Psychology*; 1979, 15; S. 330–342.

Sodian, B.: »The development of deception in young children«; in: *British Journal of Developmental Psychology*; 1991, 9; S. 173–188.

Spence, S. A.; Farrow, T. F. D.; Herford, A. E.; Wilkinson I. D.; Zheng Y.; Woodruff, P. W. R.: »Behavioural and functional anatomical correlates of deception in humans«; in: *NeuroReport*; 2001, 12 (13); S. 2849–2853.

Sporer, S. L.; Schwandt, B.: »Paraverbal indicators of deception: A meta-analytic synthesis«; in: *Applied Cognitive Psychology*; 2006, 20 (4); S. 421–446.

Steller, M.; Boychuk, T.: »Children as witnesses in sexual abuse cases: Investigative interview and assessment techniques«; in: *Children as witnesses*; herausgegeben von H. Dent und R. Flin; Chichester/England: John Wiley & Sons, 1992; S. 47–71.

Steller, M.; Köhnken, G.: »Criteria-based statement analysis«; in: *Psychological methods for investigation and evidence*; herausgegeben von D. C. Raskin; New York: Springer, 1989; S. 217–245.

Stern, J. A.; Walrath, L. C.; Goldstein, R.: »The endogenous eyeblink«; in: *Psychophysiology*; 1984, 21; S. 22–33.

Stiff, J. B.; Corman, S. R.; Snyder, E.; Krizek, R. L.: »Individual differences and changes in nonverbal behavior: Unmasking the changing faces of deception«; in: *Communication Research*; 1994, 21 (5); S. 555–581.

Stiff, J. B.; Miller, G. R.: »›Come to think of it ...‹ Interrogative probes, deceptive communication, and deception detection«; in: *Human Communication Research*; 1986, 12; S. 339–357.

Stouthamer-Loeber, M.: »Lying as a problem behavior in children: A Review«; in: *Clinical Psychology Review*; 1986, 6; S. 267–289.

Strömwall, L. A.; Hartwig, M.; Granhag, P. A.: »To act truthfully: Nonverbal behavior and strategies during a police interrogation«; in: *Psychology, Crime & Law*; 2006, 12; S. 207–219.

Strömwall, L.; Granhag, P. A.; Landström, S.: »Children's prepared and unprepared lies: Can adults see through their strategies?«; in: *Applied Cognitive Psychology*; 2007, 21; S. 457–471.

Tausk, V.: »On the origin of the influencing machines in schizophrenia«; in: *Psychoanalytic Quarterly*; 1933, 2; S. 519–556.

Tooke, W.; Camire, L.: »Patterns of deception in intersexual and intrasexual mating strategies«; in: *Ethology and Sociobiology*; 1991, 12; S. 345–364.

Toris, C.; DePaulo, B. M.: »Effects of actual deception and suspiciousness of deception on interpersonal perceptions«; in: *Jour-*

nal of Personality and Social Psychology; 1984, 47 (55); S. 1063–1073.

Trankell, A. (Hrsg.): *Reconstructing the past: The role of psychologists in criminal trials*; Stockholm: Norstedt & Soners, 1982.

Trankell, A.: *Vittnespsykologins Arbetsmetoder*; Stockholm: Liber, 1963.

Trivers, R. L.: *Social Evolution*; Menlo Park/CA: Benjamin-Cummings, 1985.

Trovillo, P. V.: »A history of lie detection I«; in: *American Journal of Police Science*; 1939, 29; S. 848–881.

Trovillo, P. V.: »A history of lie detection II«; in: *American Journal of Police Science*; 1940, 30; S. 104–119.

Tyler, J. M.; Reichert, A.; Feldman, R. S.: »The price of deceptive behavior: Disliking and lying to people who lie to us«; in: *Journal of Experimental Social Psychology*; 2006, 42; S. 69–77.

Undeutsch, U.: »Beurteilung der Glaubhaftigkeit von Aussagen«; in: *Handbuch der Psychologie*; herausgegeben von U. Undeutsch; Bd. 2: *Forensische Psychologie*; Göttingen: Hogrefe, 1967; S. 26–81.

Undeutsch, U. (Hrsg.): *Handbuch der Psychologie*; Göttingen: Hogrefe, 1967.

Vrij, A.; Ennis, E.; Farman, S.; Mann, S.: »People's perceptions of their truthful and deceptive interactions in daily life«; Vortrag anlässlich der Northern Ireland Branch Annual Conference of the British Psychological Society in Carlingford/Irland vom 9.–11. Mai 2008.

Vrij, A.; Akehurst, L.; Soukara, S.; Bull, R.: »Detecting deceit via analyses of verbal and nonverbal behavior in children and adults«; in: *Human Communication Research*; 2004, 30 (1); S. 8–41.

Vrij, A.; Akehurst, L.; Soukara, S.; Bull, R.: »Will the truth come out? The effect of deception, age, status, coaching, and social skills on CBCA scores«; in: *Law and Human Behavior*; 2002, 26; S. 261–283.

Vrij, A.; Edward, K.; Bull, R.: »Stereotypical verbal and nonverbal responses while deceiving others«; in: *Personality and Social Psychology Bulletin*; 2001, 27; S. 899–909.

Vrij, A.; Mann, S.; Fisher, R.; Leal, S.; Milne, B.; Bull, R.: »Increasing cognitive load to facilitate lie detection: The benefit of recalling an event in reverse order«; in: *Law and Human Behavior*; 2008, 32; S. 253–265.

Vrij, A.; Mann, S.; Fisher, R.: »Information-gathering vs accusatory interview style: Individual differences in respondents' experiences«; in: *Personality and Individual Differences*; 2006, 41; S. 589–599.

Vrij, A.; Semin, G. R.; Bull, R.: »Insight into behaviour during deception«; in: *Human Communication Research*; 1996, 22 (4); S. 544–562.

Vrij, A.; Lochun, S.: »Neuro-linguistic programming and the police: Worthwhile or not?«; in: *Journal of Police and Criminal Psychology*; 1997, 12; S. 25–31.

Vrij, A.; Mann, S.: »Criteria-Based Content Analysis: An empirical test of its underlying processes«; in: *Psychology, Crime & Law*; 2006, 12; S. 337–349.

Vrij, A.; Mann, S.: »Detecting deception: The benefit of looking at a combination of behavioral, auditory and speech content related cues in a systematic manner«; in: *Group Decision and Negotiation*; 2004, 13; S. 61–79.

Vrij, A.; Mann, S.: »Telling and detecting lies in a high-stake situation: The case of a convicted murderer«; in: *Applied Cognitive Psychology*; 2001, 15; S. 187–203.

Vrij, A.; Mann, S.; Fisher, R.: »Cues to deception and ability to detect lies as a function of police interview styles«; in: *Law and Human Behavior*; 2007, 31 (5); S. 499–518.

Vrij, A.; Winkel, F. W.: »Cultural patterns in Dutch and Surinam nonverbal behavior: An analysis of simulated police/citizen encounters«; in: *Journal of Nonverbal Behavior*; 1991, 15 (3); S. 169–184.

Walczyk, J. J.; Roper, K.; Seemann, E.; Humphrey, A.: »Cognitive mechanisms underlying lying to questions: Response time as a cue to deception«; in: *Applied Cognitive Psychology*; 2003, 17; S. 744–755.

Walczyk, J. J.; Schwartz, J. P.; Clifton, R.; Adams, B.; Wei, M.; Zha, P.: »Lying person-to-person about live events: A cognitive framework for lie detection«; in: *Personnel Psychology*; 2005, 58; S. 141–170.

Weiss, B.; Feldman, R. S.: »Looking good and lying to do it: Deception as an impression management strategy in job interviews«; in: *Journal of Applied Social Psychology*; 2006, 36; S. 1070–1086.

Westcott, H. L.; Davies, G. M.; Bull, R. H. C.: *Children's Testimony: A Handbook of Psychological Research and Forensic Practice*; Chichester/England: John Wiley & Sons, 2002.

White, C. H.; Burgoon, J. K.: »Adaptation and communicative design: Patterns of interaction in truthful and deceptive conversations«; in: *Human Communication Research*; 2001, 27; S. 9–37.

Whitty, M. T.: »Liar, liar! An examination of how open, supportive and honest people are in chat rooms«; in: *Computers in Human Behavior*; 2002, 18; S. 343–352.

Wilson, A. E.; Smith, M. D.; Ross, H. S.: »The nature and effects of young children's lies«; in: *Social Development*; 2003, 12; S. 21–45.

Winkel, F. W.; Vrij, A.; Koppelaar, L.; van der Steen, J.: »Reducing secondary victimisation risks and skilled police intervention: Enhancing the quality of police rape victim encounters through training programmes«; in: *Journal of Police and Criminal Psychology*; 1991, 7 (2); S. 2–11.

Yuille, J. (Hrsg.): *Credibility assessment*; Dordrecht/Niederlande: Kluwer, 1989.

Zebrowitz, L. A.; Voinescu, L.; Collins, M. A.: »›Wide-eyed‹ and ›crooked-faced‹: Determinants of perceived and real honesty across the life span«; in: *Personality and Social Psychology Bulletin*; 1996, 22; S. 1258–1269.

Zhou, L.; Burgoon, J.; Zhang, D.; Nunamaker, J. F.: »Language dominance in interpersonal deception via computer-mediated communication«; in: *Computers in Human Behavior*; 2004, 20; S. 381–402.

Zweig, S.: *Schachnovelle*; Stockholm: Exilverlag, 1943.

Wenn Sie eine kompakte Gesamtübersicht über das in diesem Buch dargestellte Entlarvungssystem haben möchten, schreiben Sie eine Mail an mein Büro:
Office@JackNasher.com.

Auf www.JackNasher.com/Durchschaut finden Sie weitere Informationen und Downloads zum Thema und vor allem das Dokument *Die perfekte Lüge*. Hier erfahren Sie auch die Termine zu den eintägigen »Durchschaut«-Seminaren in Ihrer Nähe.